データサイエンス入門 Introduction to Data Science

北川源四郎／竹村彰通 編
Genshiro Kitagawa　Akimichi Takemura

内田誠一／川崎能典／孝忠大輔／佐久間淳／
Seiichi Uchida　Yoshinori Kawasaki　Daisuke Kochu　Jun Sakuma

椎名　洋／中川裕志／樋口知之／丸山　宏 著
Yo Sheena　Hiroshi Nakagawa　Tomoyuki Higuchi　Hiroshi Maruyama

教養としての
データサイエンス

Data Science as the Liberal Arts

講談社

JN042574

巻　頭　言

　情報通信技術や計測技術の急激な発展により，データが溢れるように遍在するビッグデータの時代となりました．人々はスマートフォンにより常時ネットワークに接続し，地図情報や交通機関の情報などの必要な情報を瞬時に受け取ることができるようになりました．同時に人々の行動の履歴がネットワーク上に記録されています．このように人々の行動のデータが直接得られるようになったことから，さまざまな新しいサービスが生まれています．携帯電話の通信方式も現状の 4G からその 100 倍以上高速とされる 5G へと数年内に進化することが確実視されており，データの時代は更に進んでいきます．このような中で，データを処理・分析し，データから有益な情報をとりだす方法論であるデータサイエンスの重要性が広く認識されるようになりました．

　しかしながら，アメリカや中国と比較して，日本ではデータサイエンスを担う人材であるデータサイエンティストの育成が非常に遅れています．アマゾンやグーグルなどのアメリカのインターネット企業の存在感は非常に大きく，またアリババやテンセントなどの中国の企業も急速に成長をとげています．これらの企業はデータ分析を事業の核としており，多くのデータサイエンティストを採用しています．これらの巨大企業に限らず，社会のあらゆる場面でデータが得られるようになったことから，データサイエンスの知識はほとんどの分野で必要とされています．データサイエンス分野の遅れを取り戻すべく，日本でも文系・理系を問わず多くの学生がデータサイエンスを学ぶことが望まれます．文部科学省も「数理及びデータサイエンスに係る教育強化拠点」6 大学（北海道大学，東京大学，滋賀大学，京都大学，大阪大学，九州大学）を選定し，拠点校は「数理・データサイエンス教育強化拠点コンソーシアム」を設立して，全国の大学に向けたデータサイエンス教育の指針や教育コンテンツの作成をおこなっています．本シリーズは，コンソーシアムのカリキュラム分科会が作成したデータサイエンスに関するスキルセットに準拠した標準的な教科書シリーズを目指して編集されました．またコンソーシアムの教材分科会委員の先生方には各巻の原稿を読んでいただき，貴重なコメントをいただきました．

　データサイエンスは，従来からの統計学とデータサイエンスに必要な情報学の二つの分野を基礎としますが，データサイエンスの教育のためには，データという共通点からこれらの二つの分野を融合的に扱うことが必要です．この点で本シリーズ

は，これまでの統計学やコンピュータ科学の個々の教科書とは性格を異にしており，ビッグデータの時代にふさわしい内容を提供します．本シリーズが全国の大学で活用されることを期待いたします．

2019 年 4 月

編集委員長　竹村彰通
（滋賀大学データサイエンス学部学部長，教授）

まえがき

　本シリーズの発刊以来，データサイエンスの分野の重要性はますます強く認識されるようになりました．特に最近では，AI（人工知能）の技術進歩が著しく，スマートフォンの機能がさらに高度化するなど，私たちの生活にも影響を与えるようになっています．このような中で，政府は2019年6月にAI戦略2019を発表し，デジタル社会の「読み・書き・そろばん」である「数理・データサイエンス・AI」の基礎などの必要な力をすべての国民が育むべきとしています．このような方針に呼応して，大学におけるデータサイエンス教育の推進の中心となっている数理・データサイエンス教育強化拠点コンソーシアムでは，2020年4月に産業界や関係団体の協力も得て「数理・データサイエンス・AI（リテラシーレベル）モデルカリキュラム〜データ思考の涵養」を公表しました．

　本書は，このモデルカリキュラムのうち「オプション」を除く「導入」，「基礎」，「心得」のキーワード（知識・スキル）を網羅的に扱う標準的な入門書として企画されました．それぞれの項目について，日本を代表する研究者や実務家の方々に執筆していただくことができました．多くの実際的な事例の紹介や豊富な図解で，大変読みやすい教科書となっていると思います．

　本書によって，すべての大学生がデジタル社会のパスポートといえるデータサイエンスの入門を習得し，さらに「オプション」のキーワードもほぼ網羅している本シリーズの他の教科書に進まれることを期待いたします．

2021年4月

北 川 源四郎

竹 村 彰 通

目　　次

第2章　［基礎］データリテラシー　127

第3章 ［心得］データ・AI利活用における留意事項 175

第 1 章

［導入］社会における データ・AI利活用

現在，スマートスピーカーや自動運転など，驚異的に発達した**人工知能**（Artificial Intelligence）を活用した技術が私たちの日常生活まで深く入ってきている．人工知能は，英語の頭文字をとり，**AI** と略して呼ばれることも多い．この AI の導入は産業界においても積極的に進められており，小売業をはじめとして製造業にいたるありとあらゆる産業分野でビジネスの形態が激変しつつある．AI が目的に応じて適切に動くためには，膨大な量のデータ，いわゆるビッグデータが欠かせない．ビッグデータなしの AI はありえないのである．本章では，AI により引き起こされる社会や日常生活の大きな変化を認識する．その後に，AI が活用されている領域や現場，代表的な技術などを学ぶ．あわせて AI に必須のデータがどのような形で収集され，いかに整理され分析されるのか，データ処理の大まかな流れを学ぶ．

{ 1.1 }

社会で起きている変化

 キーワード ビッグデータ，IoT，AI，ロボット，データ量の増加，計算機の処理性能の向上，AI の非連続的進化，第 4 次産業革命，Society5.0，データ駆動型社会，複数技術を組み合わせた AI サービス，人間の知的活動と AI の関係性，データを起点としたものの見方，人間の知的活動を起点としたものの見方

　人類は過去に 3 回，生き方や仕事を変えてきた革命を体験している．一番古くは紀元前の「農耕革命」である．これにより人類は野山を渡り歩く狩猟生活から，定住して社会を構成するようになった．約 250 年前には，通常，産業革命と呼ばれる，「動力革命」が起こる．その結果，農業のため田畑にずっといなければならなかった生活スタイルから，作業のために工場に通うといったように，家庭の姿も変わった．そして大都市が形成されたのも動力革命が原因である．60 年前には計算機をもとにした「情報革命」が起き，毎日の売上の手計算による集計や，たくさんの商品の在庫管理のような，決まりきった単純な作業から人間は解放された．そして今，AI による「知能革命」が進行中である．本節では，この知能革命がなぜ起きたのか，その背景と歴史を学ぶ．あわせて，今の AI の弱点を正しく理解し，これからの時代を生き抜く知恵を身につける．

➤ 1.1.1　ビッグデータ

　ビッグデータ（big data）とは文字通りビッグなデータである．何がビッグかを説明する前に，大きさを測る単位について解説する．私たちの身のまわりには，**デジタル**（digital）という言葉を冠したさまざまな生活品があふれている．デジタルとは，通常実感することはないが，0 と 1 の 2 つの数字（正確には 2 つの状態）の組合せでさまざまな対象を表現する方式を指す．この最小単位である，2 つの状態を 1 **ビット**（bit）と呼ぶ．図 1.1.1 の左側は，2 つの状態を碁石の白色と黒色に対

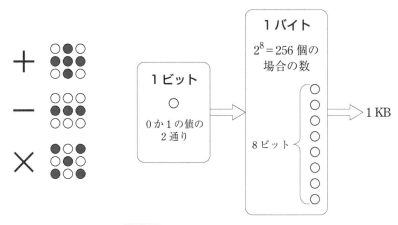

図 1.1.1　ビット表現と 1 バイト.

応させ，和差積の演算記号を図にしたものである．新聞などの解像度の粗い白黒写真は，だいたい同様の仕組みで表現されている．もっと複雑な様式になるが，日々**スマートフォン**（smart phone, mobile phone）や**パソコン**（Personal Computer, PC）の画面で目にする文書，写真，動画，また耳にする音楽もデジタルで表されている．なお，スマートフォンをスマホと呼ぶことは一般化しているので，本節では以後スマホと略す．

　デジタルの一番基本となる単位は**バイト**（byte)である．1 バイトは，0 か 1 の 2 通りを 8 つ組み合わせた，8 ビットで構成される単位である．よって場合の数は，2 を 8 回掛け算した $2^8 = 256$ になる．このことを図 1.1.1 の右側に示した．アルファベットは 26 文字，大文字小文字を考えて，さらに数字や特殊文字（%や#などの記号）を入れても 100 に満たないので，1 バイトを用意しておけば十分表現できる．一方，漢字，さらには世界中のさまざまな文字は 1 バイトでは足りないため，**ユニコード**（unicode）と呼ばれる世界標準規格では最大 3 バイト，つまり 256×256×256 の約 1,600 万の場合の数を使っている．

　このバイトを基本単位として，その 1,000 倍を示す単位がキロバイト（KB）になる．正確には 1,024 倍（2 を 10 回掛け算した数）だが，以後，気にしなくてもよい．キロバイトの 1,000 倍がメガバイト（MB），その 1,000 倍がギガバイト（GB），その 1,000 倍がテラバイト（TB），その 1,000 倍がペタバイト（PB）になる．それらの単位を表 1.1.1 にまとめた．世の中のさまざまな商品名の呼び名も，性能やサイ

表 1.1.1　情報の単位.

日本語	千	百万	10億	1兆	千兆	百京	十垓
数学の表記法	10^3	10^6	10^9	10^{12}	10^{15}	10^{18}	10^{21}
呼び方	キロ	メガ	ギガ	テラ	ペタ	エクサ	ゼタ
バイト単位での表記法	KB	MB	GB	TB	PB	EB	ZB

ズが大きくなるに従って「メガ○○○」から「ギガ○○」といったように変化していく．今後は，「テラ○○」，さらには「ペタ○○○」といったサービスや商品が出てくるに違いない．

> **Memo** 最大の数の単位
>
> 中国には非常に大きな数の数え方が昔からある．10を64回かけた数を「不可思議」という単位で，また68回かけた数を「無量大数」という単位で呼ぶ．一方，現時点で情報の世界では，10を24回かけたヨタ（yotta）までしか定義されていないのは興味深い．

身近な例で大きな単位を実感してみる．10分ごとに1枚の写真をとるとしよう．1枚の写真のサイズをたとえば5MBとすると，一生（たとえば80歳まで生きたとしよう）では $5 \times 6 \times 24 \times 365 \times 80 \approx$ 約20TBになる．今，1TBのハードディスクは1万円もしないため（2020年頃），一生で誰とどこであったかをすべて記録することはもはや誰でも可能である．

メガやギガは身近な単位であり，その大きさも実感できるものになってきた．もっと大きい単位で示される量がどれくらいなのかを具体的に図1.1.2に示す．水分子を1ギガ個横に並べるとだいたい30cmである．よって，1エクサ個並べると30万kmになる．これは光が1秒に進む距離とほぼ同じである．また，世界の印刷物の情報量はエクサバイト単位で測ると適当な大きさの数字になり，全世界のインターネットにおける情報量の総量はゼタバイト単位の大きさといわれている．ただし，これらの見積もりはかなりおおざっぱである．

安い値段で大量のデータを格納することが可能となった主な理由は以下の3つである．

- **計算機の処理性能**（computer processing performance）の大幅な向上
- ハードディスクの容量の大規模化

図 1.1.2　大きい数.

● インターネット回線の高速化

　計算機の処理性能の向上を説明する経験則としては，1年半から2年ごとに性能が2倍になるという**ムーアの法則**（Moore's law）が有名である．この法則によれば，15年すれば，性能はだいたい1,000倍になる．実際に，計算機の性能はこのようなスピードで向上してきた．

> **Memo** 計算機と飛行機の速度向上
>
> 　2002年から約3年弱，国産機**地球シミュレータ**（earth simulator）は，計算速度の性能で世界の**スーパーコンピュータ**（supercomputer）のトップを維持した．約20年たった今，国産スーパーコンピュータ「**富岳**」（fugaku）により，日本はまた世界一を
>
>
>
> 図 1.1.3　スーパーコンピュータ「富岳」.
> ［提供：理化学研究所］

とり返している．地球シミュレータと「富岳」の計算速度を比べると，1 万倍になる．一方，先端技術の代表例として航空機による移動速度の向上を考えてみよう．1903 年にライト兄弟が作った飛行機は時速約 50km である．一方，現代の戦闘機の速度は高々時速 4,000km であり，100 年たっても速度向上は 80 倍程度で，計算機の性能向上とはまったく比較にならない．このように，**IT**（Information Technology）革命は，ムーアの法則に代表されるスピードで性能が改善される特徴に根ざしている．

ビッグデータの特徴として，莫大な量であることは明らかであるが，それ以外にもいくつかの特徴がある．代表的な特徴は，英語の頭文字をとって **3V** とよくいわれる．

- Volume（量）：データの量が大きいこと
- Velocity（速度）：データが計測され，記録されるスピードが速いこと
- Variety（種類）：データの種類がさまざまであること

データ量が顕著に増えてきたのは 2000 年代に入ってからである．

Memo ビッグデータの黎明期

アップル（Apple）の創業者であるスティーブ・ジョブズが，アップルの立て直しのために戻ってきたのが 1996 年．今や超大企業のアマゾン（Amazon）が大学のサークル部屋のようなところで産声をあげたのが 1994 年．グーグル（Google）の創業は 1998 年，フェイスブック（Facebook）[*1] は 2004 年である．2000 年前後のビッグデータの静かな登場を見て，消費者やユーザへの直接的な情報サービスの可能性と潜在力にかけた若者たちが米国では次々と起業した．注視すべきは，成功したどの企業も，IT の著しい発展を確信し，情報サービスの新たな展開に若いエネルギーを集中投下している点である．成功した企業のうち，グーグル，アマゾン，フェイスブック，アップルの 4 社は，その頭文字をとって，**GAFA** とひとくくりで呼ばれることが多い．

データが計測・記録されるスピードも桁違いに増している．**スマートスピーカー**（smart speaker）と呼ばれる製品群（Google Home や Amazon Echo）は，世界中の各家庭の生活者の質問を秒単位で集積し解析している．これこそが，3V の中の

[*1] Facebook は 2021 年に社名を Meta（メタ）に変更した．

図 1.1.4　スマートスピーカー.
[photo by Getty Images]

Velocity を如実に表している現象である.

　データの種類が多様である（3V の Variety を表す）ことも, ビッグデータの特徴の１つである. 種類については 1.2.1 項でさらに詳しく解説する. 昔はデータを取得し蓄積することにコストがかかったため, データの使用目的はデータの取得前に厳密に決められていた. その結果としてデータの並べ方や形式（数値の桁数, コード化, データベースへの格納の仕方など）はルールに正確に従うようになっている. IT の著しい向上により, センサがとらえる情報は工場内の整備された環境下だけでなく, 私たちの生活空間にまで広く浸透してきた. その結果として, 人々が生み出す生活上の情報もビッグデータとして蓄積されている. その代表例が, 文書, 画像, 音声, 動画である. このようにビッグデータといっても, そのデータの種類は数多くある.

➤ 1.1.2　検索エンジンと SNS

　ビッグデータの本格的な利用は, インターネット上に公開されたさまざまなサイトを上手にランキングする技術, つまり**検索エンジン**（search engine）により始まった. もはや私たちの生活に欠かせない道具となった検索エンジンにより, いくつかのキーワードを入力するだけでほしい情報を掲載しているサイトに効率よくたどり着ける. その行為は, 代表的な検索エンジンを提供している会社名から「ググる」とまでいわれるほど一般化している.

> **Memo** ブラウザ
>
> インターネット上に公開されたサイトを見に行くソフトウェアは，閲覧ソフトと日本語ではいわれるが，英語での**ブラウザ**（browser）がより一般的である．有名なものとしては，グーグルの「Chrome」，マイクロソフトの「Edge」（古くは「Internet Explorer（IE）」），アップルのユーザがよく使う「Safari」，独立系として「Firefox」「Opera」がある．検索エンジンはブラウザとは異なり，どのサイトを上位に表示するかといったランキング技術を指す．世界的に見て中国を除けば，グーグルがほとんど独占している（2020年で約90％）国が多いが，日本はヤフージャパンが25％程度を占めており，一定の存在感を示している．

　閲覧ソフトや検索エンジンそのものの開発だけでは商売にならない．サイトの表示を担うソフトウェアであるブラウザ，またサイトのランキングを決める検索エンジンを自社製にできれば，人々が注目する情報を自社でコントロールできる．さらには，ある目的や嗜好性を持つ人々が集まる場づくりができれば，効果的な広告が可能である．広告は，製品やサービスを提供する側と，それらを求める消費者やユーザが出会う機会である．昔からあらゆるビジネスは，この機会を効率よく実現した者が大きな富を得てきた．古くは，織田信長の「楽市楽座」であり，新聞やテレビのメディアである．隆盛を誇るIT企業のほとんどが，デジタル時代の「楽市楽座」の実現でもって大きな成功を得ている．

　個人に焦点をあてた広告は**ターゲッティング広告**（targeted advertising）と呼ばれている．20年以上前は，ターゲッティング広告は消費者の特定のイベントへの参加記録やアンケート結果に基づき，あるいは特定の地域に絞って，郵送の葉書による**ダイレクトメール**（direct mail）でもって実現されていた．しかし，商品やサービスのピンポイント的な広告の観点からは，その非効率性は明らかであった．**Eメール**（E-mail）が一般的になると，個人のメールアドレスに対して，葉書の代わりにEメールが届くようになる．しかし，個人の嗜好性を事前に読み解くわけでもなく，特定のイベントに参加した人に対して幅広くメールを送付するといった，情報戦略的にはそれまでの葉書によるダイレクトメールとほぼ同じレベルであった．

　そこに，アマゾンや楽天などのインターネット上での商品の販売をビジネスとする，**eコマース**（electronic commerce，電子商取引）と呼ばれる業態が登場する．**EC**と略されることもある．ECは，ウェブ上での個人向けの商品の提示，いわゆ

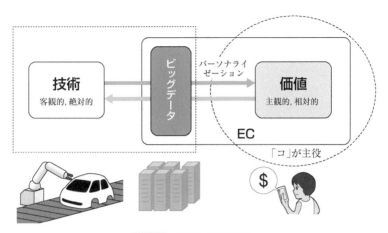

図 1.1.5　技術と価値の関係.

る**レコメンデーション**（recommendation）を最適化するために，消費者の購買履歴
に関する膨大な量の情報収集を行っている．購買にいたらなくとも，どのページを
見た人がサイトを訪れ，どの程度の時間閲覧したかなど，購買行動前の操作履歴も
獲得できるようになった．

　そのビジネスの形態を図 1.1.5 に示す．水色部分が EC のビジネスの場を示す．
価値は個人によって異なり，同じ人間でも時間帯によって異なる．飲みたい飲料商
品を考えればわかるであろう．よって，価値は主観的であり，そして相対的である．
EC は，ビッグデータと価値との間をつなぐ技術開発と計算基盤の整備をなりわい
としている．ビッグデータから個人に適した情報サービスを提供する技術を，**パー
ソナライゼーション**（personalization）と呼ぶ．前述したレコメンデーションはそ
の代表的な例である．価値からビッグデータの流れは，消費者やユーザの嗜好性を
データにどのように変換し，ビッグデータとして蓄積するかの技術になる．たとえ
ば，ウェブ上のサイトを訪問したユーザがどこに注目し，何をクリックし，そして
どのサイトを次に訪問したかの情報を効率よく収集する仕組みづくりがそうである．
また，**デモグラフィックデータ**（demographic data）と呼ばれる，年齢，性別，居
住地，家族構成，職業などの個人情報と，サイト上のユーザの行動をコンピュータ
上で統合する技術もそうである．

> **Memo** 「コ」が主役の時代
>
> 　「コ」は，4つの漢字，「個」，「固」，「孤」，「小」で始まるいくつかの言葉が代表する価値である．まず「個」は，消費者の趣向が細分化していることを表す，個人，個別である．次に，「固」は固有が代表的である．「孤」は，1人で食事をする機会が増えている，あるいは感染防止のためそうせざるをえないなど，コロナ禍の**ニューノーマル**（new normal）とも密接に関係した概念である．「小」は，みなさんもすぐわかるように，一度に多くを必要としていないことである．日本語ではたまたまかもしれないが，図1.1.6に例示するような，「コ」で始まる漢字が語る価値観，概念がこれから先の時代のニーズを端的に示している．

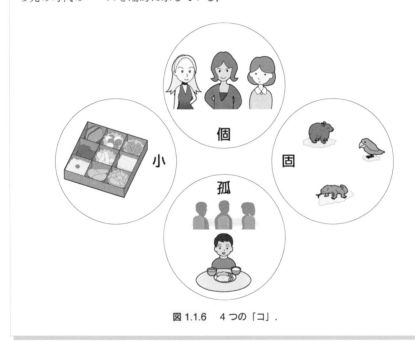

図 1.1.6　4つの「コ」.

　さらに，**ソーシャルネットワーキングサービス**（social networking service）が広まる．通常，英語を略して**SNS**と呼ばれるツールである．SNSの本格的な利用は，スマホの普及と切り離せない．2007年にアップルからiPhoneが発売され，さらにグーグルからスマホの標準**オペレーティングシステム**（operating system, OS）であるAndroidが公開されると，スマホは一気に広まる．スマホとSNSの関係は非常に密接である．SNSにより，同じ嗜好性，共通の興味，同様の価値観を持ったグ

ループが，通信履歴として特定される．またビッグデータの解析により，嗜好性，興味，価値観といった，抽象的概念を具体的に表す言葉やイメージが明らかになってくる．そうすると，それらを用いれば，ピンポイントの広告が実現できるようになる．SNS 上に示される広告はすべて，「あなた」の嗜好や思考をビッグデータが読み取って，パーソナライゼーション技術でもって提供されている．このようなことは，たった 10 年前には，ある特定の嗜好性に関する単純な判別でもきわめて低精度にしか実現できなかった．SNS でできる情報収集は，検索エンジンも同様のことが可能である．グーグルの収益の 90％，またフェイスブックにいたっては 97％が広告収入である．当然，デジタル版も含めた新聞，雑誌，また地上波のテレビなどの一般的なメディアの広告収入は減る一方である．

Memo SNS 企業の買収合戦

　日本でよく利用されている SNS の代表的なものとして，Twitter，Facebook，Instagram，YouTube などがある．大学生はまだあまり馴染みはないかもしれないが，ビジネス上での人のつながりを生み出す LinkedIn も SNS の代表格である．これらのサービスは，もともとはベンチャー企業が開発し，ビジネスを大きくしていった．消費者やユーザの情報が直接とれることはビジネス上大きな魅力なため，すでに世界的大企業となっていた GAFA は，株価の時価総額の高騰を元手に積極的に SNS のベンチャー企業を次々と買収する．現在，YouTube はグーグルが，Instagram と WhatsApp はフェイスブックが，LinkedIn はマイクロソフトが親会社である．マイクロソフトは，個人間をベースとしたオンライン対話環境を提供する Skype，プログラムの共通開発基盤とその交換プラットフォームをユーザに提供している Github も買収している．

　ビッグデータの積極的活用により，意思決定の結果が多様でそして不確実[*2] な個人をターゲットにしたビジネスが可能になってきた．従来は，多くの仮定に基づいて，標準的消費者の行動を数式で表現した**消費者行動モデル**（consumer behavior model）を構築していた．このモデルに，時間と場所と少数のデモグラフィック情報（性別，世代程度）を条件として与えると，購買するかしないかが予測される．これだと，女性で 20 代の消費者はみな同じ購買行動をとることになる．しかし現実は，個人の嗜好性はかなり異なるため，数多くのデモグラフィック情報をとりたくなる．しかし，30 年ほど前は対面あるいは郵送によるアンケートという，お金も時間もか

[*2] ここでは，必ずそうなるわけではないという意味．

かる非効率な方法しかなかった.

　ところが検索エンジンや SNS の利用が進むと, 膨大な数の細かいデモグラフィック情報まで, 自動的かつコストをほとんどかけずにとれるようになってきた. そうすると, 条件の数をもっと増やしても, その条件で購買したかどうかのデータが得られるようになる. こうなると, 消費者行動モデルの汎用性 (モデルがどれくらい一般的に通用するかの) を追求しなくとも, 個々の事象のケースバイケースの予測性能は, データを整理しパターン分類するだけでもかなり向上する. このような, ビッグデータのパターン分類を基礎とする解決法を, **データ駆動型** (data driven) という. 標準的なモデルを先に構築し, 状況に応じてそのモデルを変化させるのではなく, まず豊富に用意された行動の変容に関係する条件とその結果のペアをビッグデータから大量に得る. 次に, それらを整理することで対応関係を作成し, その対応関係から未来の行動を予測するのである. この方法論を拡大解釈し, まずはビッグデータを集め, そのデータに基づいて意思決定を行う方式を, 今はデータ駆動型と呼んでいる. 1.1.5 項 b で説明する帰納法と密接に関係した考え方である.

➤ 1.1.3 第 4 次産業革命

　このようなデータ駆動型は, 特に EC を代表とする小売りだけに限らない. ありとあらゆるビジネスの進め方や, 新しい産業の創成がデータ駆動型にシフトしている. 現代は, 社会の営みにかかわる情報が時々刻々とビッグデータとして蓄えられている. このビッグデータを本格的に活用して, 産業界も大きな変革が起こりつつある. そのことを**第 4 次産業革命** (fourth industrial revolution) と呼ぶ. 第 4 次産業革命は,

- 徹底したデジタル化
- 人工知能の驚異的発達

に牽引されている. 産業界における徹底したデジタル化のことを, **デジタルトランスフォーメーション** (digital transformation) と呼び, 日本では **DX** と略されることが多い. 略したと説明したが, X の文字はどこにもない. 「変革」「変化」の意味的象徴として X が使われている.

最初の産業革命は，欧米で 18 世紀から 19 世紀にわたって起きた．蒸気機関の発明により，それまでの農耕社会から工業社会に産業構造が大きく変わるとともに，人々の暮らしの場も地方から都市へと移った時代である．19 世紀後半になると，電話機・電球・蓄音機に代表される，電気の発明とその産業への応用により第 2 次産業革命が起こった．第 3 次産業革命は，1970 年代以降の情報化社会を指す．情報の伝達の様式もアナログからデジタルへ変化し，パソコンの登場，さらにはインターネットの発明と整備により，国境を越えた情報の転送が大幅に容易となった．これらの産業革命の変遷を図 1.1.7 に示す．

図 1.1.7　産業革命の変遷.

「ものづくり*3」国家日本は，大量生産される製品の品質管理のために，事前によく練られた計画に基づいて計測された少数のデータを上手に利用することで大きな成功を得てきた．しかし，IT の著しい発達により，十分な設計なしにデータを大量に取得し，取捨選択せずにデータを保存することが普通になってくる．蓄積されたビッグデータを分析することで，故障や不良品が生まれる原因の解明，作業の流れの効率化，コストの削減が自動化される．人が思いもつかなかった材料の選択，斬新なデザインの提案も可能になる．図 1.1.5 の左半分の点線四角にその様子を示し

---

*3 これまでの伝統的な用語だと製造業.

た．よい製造物の根幹をなすのは，すぐれた技術である．したがって，技術は客観的であり，絶対的である．ビッグデータと技術のやりとりを高速に循環させることこそが，データ駆動型になる．この循環を価値にまで広げれば，消費者のニーズを先取りした新規製品の開発も行える．産業界にとどまらず，社会経済活動の全般において，ビッグデータの解析とそれに基づく意思決定により，課題の解決と新たな価値の創造が進められる社会を**データ駆動型社会**（data driven society）と呼ぶ．

データ駆動型の有用性は，**IoT**（Internet of Things）と呼ばれる，さまざまなモノをインターネットにつなげる技術により，さらに高まっていく．2011 年には，「ものづくり」におけるデジタル革命を目指した動き，いわゆる**インダストリー 4.0**（industry 4.0）がドイツにて提案された．製造現場の工作機械には，機械の動きをとらえるさまざまなセンサがついている．**センサ**（sensor）とは，対象の動き，電磁気，熱や音といった物理情報を，信号に置き換える装置のことをいう．センサで計測された情報は，IoT により集中管理を行う部署へ常時送られる．このようなセンサのことを IoT センサと呼ぶ．IoT センサのイメージを図 1.1.8 に示す．

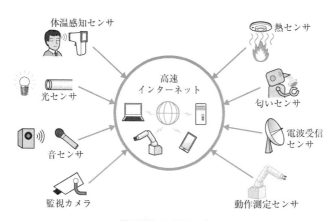

図 1.1.8　IoT センサ．

20 世紀半ばの日本の高度成長を支えたのは，製造業における少品種大量生産方式の確立であった．一方現代においては，個人の多様な嗜好に対応するために，多品種少量生産が主流となっている．その実現のために製造現場には，多くの関節を備えた工作用**ロボット**（robot）が大規模に導入されている．ロボットというとみなさんは，古くはソニーが開発した**アイボ**（AIBO），最近だと，ソフトバンクによる人

型ロボットの**ペッパー**（Pepper）を想像するに違いない．製造業の工場には，人型ではないが，人の腕（アーム）のような動きをスピーディーに行うロボットが多数導入されている．ロボットの腕部分に多くの関節があると，複雑かつ柔らかな動きをロボットは行える．その結果，いろいろな細かい作業をロボットに指示できる．一方，押す，たたく，伸ばす，つまむといった単純な作業しかできない工作機械だと，少品種大量生産にはよいが多品種少量生産には向かない．また，物流の大規模な倉庫にも，さまざまな商品をつかんで，顧客ごとに選り分け箱詰めするロボットが大量に導入されている．当然，これらのロボットにも多数の IoT センサがついている．ロボットを含めて，膨大な数の IoT センサのデータ分析から，製造業の効率化を目指した合理的な作業の流れを提案することがインダストリー 4.0 の大きな目標である．

> **Memo** アイボ
>
> ソニーが 1999 年より販売している，ペットロボットである[*4]．筆者は 2000 年代に，AI の技術開発に関する意見交換として，アイボの技術開発担当者（米国の研究者）と話をする機会があった．アイボの開発目的の 1 つに，人とコミュニケーションの不得意な子供たちが，ロボットとのつきあいをとおして，少しでも社会生活にはいる際の障壁を低くできるようにしたいという情熱があることに大変感動した記憶がいまだに鮮明である．
>
>
>
> **図 1.1.9　アイボ.**
> ［提供：ソニー株式会社］

[*4] 1999〜2006 年に販売された製品群はすべてが大文字の AIBO であった．いったんソニーとしては開発販売を中止したが再開し，2018 年にデザインなどを変更して発売された分はすべてが小文字の aibo となっている．

➤ 1.1.4　AIの驚異的発達

　今メディアなどで毎日のように報道される AI ブームは，過去に二度あった．最初は 1960 年代，二度目は 1980 年代である．いずれのブームも，人工**ニューラルネットワーク**（neural network）と呼ばれる計算技術の**非連続的進化**（discontinuous evolution）と同期している．技術の非連続的進化とは，あるときに性能が突然ジャンプするような発達を意味する．人工ニューラルネットワークとは，人の脳神経細胞どうしのつながりをきわめて単純化し，数式で表現した**非線形の関数**（nonlinear function)である．今となっては，ニューラルネットワークとカタカナで表記された場合は，ほぼ間違いなく人工ニューラルネットワークを指す．線形の関数とは，入力と出力の関係が比例の形になっている関数である．それに対して非線形の関数とは，比例の形になっていない関数であり，その様子はさまざまである．ニューラルネットワークの場合は，図 1.1.10 に示すように，ある値（図の場合は $x = 0$）以下ではゼロ，それより大きい値では正比例するような単純な関数を 1 つの部品として，それらをレゴブロックのように組み合わせた関数になっている．

　今の AI ブームの非連続的進化は，2006 年に提案された，**深層学習**（deep learning, DL）が起点である．深層学習も計算技術としてニューラルネットワークを用いているため，その技術を**深層ニューラルネットワーク**（deep neural network, DNN）

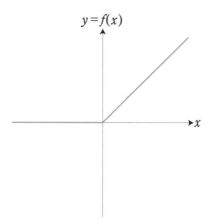

図 1.1.10　ニューラルネットワークの一番基本の部品（要素）となる非線形関数の様子．入力が x，出力が y になる．なお，この関数形は専門用語で，**ReLU**（Rectified Linear Unit）と呼ばれる．

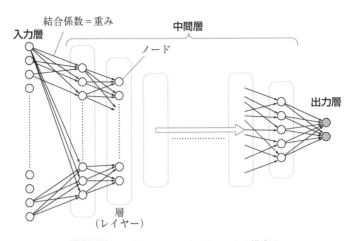

図 1.1.11　深層ニューラルネットワークの模式図.

と呼ぶこともある．DNN の様子を模式的に図 1.1.11 に示す．図中の丸印は**ノード**（node）と呼ばれ，実数値を記憶（格納）する．すべてのノード間は，矢印で互いに結合しており，そのつながりの強さは**結合係数**（coupling coefficient）が決めている．一番左側は**入力層**（input layer）で，データがノード値になる．図 1.1.1 左側のケースだと，左上から右に 1 つずつ，そして最後の右下にいたる順番で，碁石の黒白に対応する 1 か 0 の値が入力値（水色のノード値）になる．一方，図 1.1.11 の一番右側は**出力層**（output layer）になり，たとえば本人確認（認証）の場合，ピンク色で示したノード値は，本人である確率値とそうでない確率値になる．真ん中の緑で示したノード群の角丸四角で囲まれた各集合（緑色）は，**中間層**（middle layer）と呼ばれる．ニューラルネットワークの中間層の数は，第 1 次 AI ブームのときはそもそもなく，第 2 次 AI ブームのときでも 1〜2 層にすぎなかった．その層数を一気に増やして，100 以上の層を用いることもあるのが深層学習である．

　2006 年に深層学習が提案されたときには，多くの AI 研究者はその有用性には懐疑的であった．なぜならば，第 2 次 AI ブームのときは，中間層が 1〜2 の単純なニューラルネットワークがさんざん研究されたが，実用上の応用にたえるレベルにまったく届かず，その後約 25 年間，AI 冬の時代が続いたからである．ところが 2012 年に，**画像認識**（image recognition）のコンペティション（よくコンペと略される）で，深層学習はそれまでのゆっくりとした認識率の向上を一気に改善する．これでもって深層学習の研究開発に火がついた．画像認識とは，画像中の物体は何かを言

葉（たいていの場合は名詞）で答える作業である．コンペティションとは，ある特定の技術向上を目指すために，課題と評価法を事前に定めた国際的な競争大会である．同年には，当時アメリカ政府を担っていたオバマ政権は，**ビッグデータイニシアティブ**（big data initiative）を出し，国立の研究所群を核として，あらゆる科学技術分野においてデータ駆動型を展開する政策を始めた．よって，第3次AIブームは2012年に始まったといえる．

　深層学習が一般庶民にも知られるようになったのは，2015〜2016年に，**ディープマインド**（DeepMind）[*5] が開発した，囲碁の対局AIである**アルファ碁**（AlphaGo）の登場である．2017年には，当時世界で最も強い棋士といわれた柯潔（か けつ）に三連勝し，もはや人間は囲碁においてAIには勝てないことが明確となった．なお，ディープマインドは深層学習を専門とするベンチャー企業で2010年に設立されたが，グーグルがその潜在能力と将来性を高く評価し，2014年に買収している．

図 1.1.12　柯潔とアルファ碁の対局．
[photo by Getty Images]

Memo ボードゲームと人工知能

　AIの研究開発と，チェス，将棋，囲碁に代表されるボードゲームの関係は非常に深い．ボードゲームは，ゲームが行われる空間とルールが明確に定まっている．空間について，チェスだと8×8，将棋だと9×9，囲碁だと19×19のマス目である．した

[*5] ディープマインドのビジネス上の中核的狙いはゲームでなく，健康および医療分野にあり，2017年にディープマインドヘルスを設立している．

がって，空間とルールが決まっているので，AI の技術開発の**テストベッド**（testbed）
として昔から研究がよくなされてきた．1996～1997 年には，IBM の開発した AI が
チェスの世界チャンピオンに勝利する．将棋に関する AI の技術開発は，日本におい
て（日本独特のルールもあるゲームのため）継続的に活発に行われた．特に，2010 年
代半ば頃からはほぼプロ棋士と同レベルの強さを誇るようになり，メディアにものる
ようなニュースもあった．チェス，将棋ではいずれ AI に人間は負けるだろうと人々
は漠然と予想していたが，囲碁に関してはその空間の広さから，AI が世界最高の棋士
に勝つことはしばらくないであろうと多くが予想していた．その中での，深層学習を
基盤技術とするアルファ碁の圧倒的な強さは衝撃的であった．アルファ碁の次のバー
ジョンである，**アルファゼロ**（AlphaZero）が，知識がゼロ（過去の棋譜情報なしとい
う意味）の状態から世界トッププロに勝つレベルになるまでの学習にかかる計算時間
は，チェスでは 9 時間，将棋では 12 時間，そして囲碁では 13 日間かかっている．こ
の時間は，各ゲームの考えなければならない場合の数の多さを直接的に示しており，
また複雑さを表している．今は，ボードゲームの中でも確率的挙動の要素が大きい，
ポーカーのようなカードゲーム，ルーレット，バックギャモン，そして麻雀のような
ゲームにまで最先端の AI 技術は次々と導入されつつある．

　第 2 次 AI ブームと第 3 次 AI ブームの間は約 30 年である．この 30 年間で，ニュー
ラルネットワークの規模は，中間層の数が 1～2 から 100 を超える超大規模なものに
なった．このような大規模化を可能にしたのは，ビッグデータと計算機の性能向上
である．1.1.1 項でも述べたように，15 年で計算機の性能は 1,000 倍になる．そう
すると，30 年間では，1,000×1,000 の 100 万倍になる．これは，30 年前は 1 年か
かっていた計算が，今はたった 32 秒で計算できることを意味している．劇的な進歩
である．大規模なネットワークの構築のためには，膨大な数の結合係数を決めなく
てはならない．最適な結合係数は，ビッグデータにより少しずつ調整して求めてい
く．まるで，膨大な数の鉄骨で作られたタワーをまっすぐに建てるために，莫大な
数のネジを少しずつ調節していくイメージである．結合係数の数は，第 2 次 AI ブー
ムのときはだいたい高々数百個であったが，深層学習では多いものだと数億個ぐら
いになっている．このように，大規模な DNN を構築するためには，ビッグデータ
は不可欠なのである．

➤ 1.1.5　人間の知的活動とAI

🔵 a　AIの得意技

　2012年に画像認識の分野で成功をおさめた深層学習の技術は，それまでなかなか実用レベルに達しなかった課題に応用されていく．顕著な例は，認証技術である．**認証**（certification）とは，画像や音声から，それが本人のものかどうかを判断することである．たとえば，海外に旅行するときは，出国と帰国の際に必ず審査がある．成田空港や羽田空港のような大規模な国際空港では，今では審査は人が行っておらず，旅行者はパスポートを機械の所定の場所に差し込み，カメラの正面に立つだけである．審査にかかる所要時間はたったの数秒と非常に短い．なお，実際の顔認証技術は深層学習のみで作られているのではなく，その他のAIのツールを**複数組み合わせ**（multiple combinations）て実現された**AIサービス**（AI driven services）である．深層学習を含む画像認識技術はAI技術の根幹をなすものではあるが，入出国審査以外にも車の**自動運転**（self-driving）などは，さまざまな最先端のAI技術の組合せでできている．

　顔認証の技術開発の歴史は非常に長い．人は，髪型や体型，また化粧法が変わっても，本人かどうかをほぼ間違いなく認識できる．また，図1.1.13の左側に示すように，顔への光の当たり方が変化し影ができたとしても，確実に本人と認識できる．ところが，以前はこんな簡単な認識の作業も機械にまかせることはまったくできていなかった．そのことを図1.1.13の右側に示す．音声認識においても，風邪を引いて声の調子が変わると機械は異なる人と判断するが，人はたいていの場合同じ人と

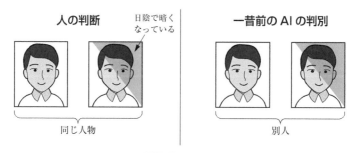

図 1.1.13　顔認証.

適切に判断し,「今日は調子が悪いのですか？」と尋ねる．このように,深層学習の登場前の AI は,データがとられた環境や状況が少し変わっただけで,途端に誤った判断をしていた.

　深層学習の登場により,人が目で見て,あるいは耳で聞いて判断していた作業がどんどん AI に置き換わっている.人の「見分ける」「聞き分ける」に依存していた職業は,今後,すさまじい勢いで AI が担っていくのは間違いない.スポーツの現場でも,テニスやサッカーにおけるボールがラインを越えたかどうかの判断や,最近だと体操やフィギュアスケートの技の自動判定など,専門家の視認に依存していた作業でも,むしろ AI のほうが信頼されてきている.カラオケでの歌のうまさを自動判定する AI の「聴力」もどんどん進化している.五感のうち残った「触覚」「嗅覚」「味覚」もいずれ新しいセンサの開発や性能向上により,AI を活用した機械が主な役割を果たしていくはずである.製造業における匠^{たくみ}(expert)の技を AI に置き換えていく研究開発も活発である.特に日本は人口減がすでに始まっており,今後,匠の後継者である若者の数も急減少するため,AI への期待も大きい.

▶ b 帰納と演繹

　では人が活躍できる場はなくなっていくのであろうか.その問いに答えるためには,今の AI では不得意,あるいはけっしてできない点に注目するとよい.今の AI の根幹をなす仕組みは,1.1.2 項の最後で少し触れたように,膨大な数のペアを分類し,パターンを見つけ,そのパターンに基づいたルールを作成し,新しいデータが来たときに予測や判断を行う推論法である.この**データを起点としたものの見方**に代表されるような,過去の事例に基づき意思決定のルールを作る推論法を,**帰納法**(induction)と呼ぶ.平たくいえば,帰納法は経験論である.これと対極をなすのが**演繹法**(deduction)である.演繹法と帰納法の関係を図 1.1.14 に示す.演繹法の代表格は数学や物理で,仮定と原理が与えられれば,厳格な論理でもって結果が導かれる.演繹法による結果はゆらぐことはないが,一方,最初に想定した仮定と原理が成り立たない場合は,その結果は正当化できない.

　帰納法の弱点もかなりある.まず,過去に一度も起きていない事象に対する予測能力が著しく乏しい点である.津波の例を考えてみよう.東日本大震災の後に地層を丁寧に調べると,それまで知られた高さ以上の場所に津波の痕跡が見つかった.そうすると,そこまでの高さの津波を起こすぐらいの大きな地震があったことにな

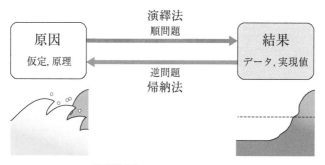

図 1.1.14　演繹と帰納の関係.

るため，それまでの常識は根底から覆るわけである．また，「悪魔の証明」とよくいわれる，「ないという事実を証明することができない」点である[*6]．帰納法では，それまで起こったことが一度もない大災害でも，将来起きないとはいえないのである．

◎ c 因果と相関

　帰納法の 2 つ目の弱点は，原因と結果の関係を読み解く能力が低い点である．演繹法は仮定と原理が成立すれば，原因と結果の関係は厳格に証明できるが，仮定と原理にそもそもその情報が内包されているので当然である．この原因と結果の関係を，**因果関係**（causality）と呼ぶ．一方，ある量とある量の関係が明確であるものを**相関関係**（correlation）と呼ぶ．因果関係と相関関係の違いを図 1.1.15 に模式的に示す．「交番の数が多い（左側の丸印）地域ほど犯罪件数が多い（右側の丸印）」「学力の高い（左側の丸印）子供は体力もある（右側の丸印）」「健康診断を受ける（左側の丸印）と健康になる（右側の丸印）」などのように，相関関係を因果関係として誤って説明する文章をよく目にする．帰納法は相関関係を見つけるのは得意である．AIを使うと，ビッグデータの膨大な変数間の相関関係を高速に見つけ出すことができる．ただし，これらは因果関係ではない．統計学の中で因果推論という，因果関係の抽出を目的とする学問領域があるが，そこでの議論も仮定が成立した上での結果であるため，帰納法では厳密な意味で因果関係を立証することはできない．

[*6] この簡単な論理もよく理解されていないため，各種メディア上での誤った建設的でない議論が延々と繰り返される．

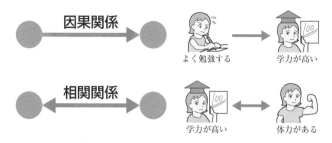

図 1.1.15 因果関係と相関関係の違い.

⊘ d 人間中心の考え方

　推論の仕方は，演繹法と帰納法に整理できる．では人間はどうであろうか．人間はこの両者を上手に混ぜたり切り分けたりして使っている．これこそが，**人間の知的活動**（human intellectual activity）の特徴といえる．演繹法では，抽象化という作業がとても重要である．数学の定理の証明などを思い出してほしい．抽象化を極端に進めると，論理の進め方を極限にまで単純化した体系に落ち着く．今の AI ではこのような思考の整理はほとんどできないが，人間はできる（みんながみんな得意というわけではない）．また帰納法の利用においても，AI は予測や判別といった性能の観点からすばらしいデータの整理の仕方ができるが，人間はその整理の仕方に必ず自分が理解できるやり方を優先する．意思決定の結果が人間社会にまったく関係ない応用場面ならば，理解できなくとも予測がうまくいけばよいという割り切った考え方もありえる．しかし社会応用となると，法律，規則，倫理，慣習，文化的受容度など，人が理解できる整理の仕方でないと，社会には受け入れられない．人の思考はこの点もすぐれている．どれほど AI が進歩しようと，人が社会を形成し生きていく限り，このような**人間の知的活動を起点とするものの見方**の有用性がなくなることはない．

　本節の冒頭で述べたように，現在 AI による「知能革命」が進行の真っ最中である．いくら AI 技術が高度化しようと，人間の思考の強みを最大限活かして，**人間中心の社会**（human-centered society）を築いていくことには変わりはない．私たちは，狩猟社会（Society 1.0），農耕社会（Society 2.0），工業社会（Society 3.0），情報社会（Society 4.0）に続く，新しい未来社会の姿を目指さねばならない．Society 1.0〜4.0 のイメージを図 1.1.16 に示す．そして提案されたのが **Society 5.0** であ

Society3.0
工業社会

Society4.0
情報社会

Society2.0

農耕社会

Society1.0

狩猟社会

図 1.1.16　Society 1.0〜4.0.

る．Society 5.0 のことを**超スマート社会**（smart tech society）という日本語に対応させることもよくある．Society 5.0 では，IoT ですべての人とモノがつながり，さまざまな知識や情報が共有される基盤の上で，AI を積極的に活用し新たな価値を生み出すことを目的としている．これにより，少子高齢化，地方の過疎化，貧富の格差などの課題や困難を克服することに挑戦中である．

➤ 1.1 節　練習問題

1.1.1　人間社会に生じた革命を古いものから並べよ．

① 知能革命
② 動力（蒸気機関）革命
③ 情報革命
④ 農耕革命

1.1.2　世界のビッグ IT 企業を指す言葉として GAFA をよく耳にする．GAFA と
は次のどの企業を指すか．すべて選択せよ．

① Google
② Apple
③ Amazon
④ Alibaba
⑤ Facebook

1.1.3　今の AI の基盤となっている原理を 1 つ選べ．

① 演繹的推論
② 機能的推論
③ 因果的推論
④ 帰納的推論

1.1.4　因果と相関について正しい記述を選択せよ．複数あればそれらも選択せよ．

① 相関が高いと，どちらかが他方の原因となっている．
② 因果は統計的検定でもって明確に判断できる．
③ 相関を変数変換すると因果に解釈できる．
④ 相関と因果はまったく別物である．
⑤ 帰納法のみでは，一般的にいって因果を探ることは難しい．

={ 1.2 }=
社会で活用されているデータ

 キーワード 調査データ，実験データ，人の行動ログデータ，機械の稼働ログデータ，1次データ，2次データ，データのメタ化，構造化データ，非構造化データ（文章，画像/動画，音声/音楽など），データ作成（ビッグデータとアノテーション），データのオープン化（オープンデータ）

　AIはビッグデータなしには成立しえない．本節ではビッグデータとはどういうものなのか，またデータ処理の大まかな流れを学ぶ．

➤ 1.2.1　データの種類

　ビッグデータの特徴である3Vについては1.1.1項で解説した．データの種類については簡単には説明したが，以下に詳しく解説していく．ここで解説するデータの種類については，表1.2.1にまとめたので，まずそれを見て文章を読んでほしい．

◎ a 調査データ

　人の多様な嗜好を知るために，アンケート調査はよく行われる．**調査データ**（survey data）とは，アンケート調査のように調査を行う前に，その実施する目的を決め，その目的を達成するために収集されたデータを指す．今ではインターネットを利用した，ウェブ画面からのアンケート調査はごく当たり前になっているが，ウェブ上での各種の情報サービスが非常に使いやすくなってきてまだ10年もたっていない．それ以前はアンケート調査といえば，対面で行うか，郵送で送付したアンケート用紙を返却してもらうかの方策しかなかった．対面で行う調査の様子を図1.2.1の左側に示す．

　アンケート調査には2つの大きな課題がある．1つは，いかにデータを得るのか，たとえばウェブ上か，対面あるいは郵送なのかである．もう1つは，誰からデータ

表 1.2.1　データの種類.

名前	事例	取得手法（代表例）	取得している組織（例）
調査データ	国勢調査，政府統計データ	アンケート	国
	民間の信用調査	アンケート	民間企業
ログデータ	検索ログ	検索エンジンの利用	グーグル，ヤフー
	購買ログ	EC サイトの利用	アマゾン，楽天
	人の行動ログ	スマホ	ドコモ，ソフトバンク
	プローブデータ	カーナビ	自動車メーカー
	機械の稼働ログ	IoT センサ	製造業の企業
実験データ	実験室データ	各種実験装置	大学，研究機関
	大型装置データ	電子顕微鏡	国立研究機関
観測データ	研究室データ	顕微鏡など	大学，研究機関
	ビッグサイエンス	大型望遠鏡，加速器	国立研究機関
	気象予報	人工衛星，AMeDAS	気象庁

調査データ　　　　　　　ログデータ

図 1.2.1　調査データとログデータ.

を得るのかという，対象の選択に関する課題である．前者は，長年にわたって定期的かつ継続的に行われてきたアンケートにとって，意識や考え方の時代による変化を正しくとらえる際の大きな障害となる．というのも，核家族化が進み，都心部においては一人暮らしも多く，家庭を訪問してもほとんど不在である．また，面識のない人の訪問には対応しないこともよくある．後者は，統計学では最も大切な概念の１つの**サンプリング**（sampling）に直結した課題になる．サンプリングとは，対象となる集団の構成メンバーすべてからデータを得ることはできないため，データを得るメンバーを選別する方策のことをいう．前者の課題もサンプリングの問題と見なすこともできる．というのも，高齢の方にはインターネットを利用しない人も多く，そうすると，インターネット調査の回答者はどうしても若者に偏る．若者の嗜好を知りたい場合はそれでもよいが，たとえば政権支持率といった，各世代の人口比率を勘案しなければならないときは問題が生じる．IT に対する理解度や利用環

境の違いから生じる格差のことを**デジタルデバイド**（digital divide）と呼ぶ.

　制度上，全数調査といえるのが，国内の人口や世帯の実態を明らかにするために行われる**国勢調査**（census）である．国勢調査は行政だけでなく，民間企業や研究機関でもマーケティングや研究のために用いられる，国の最も重要な調査データである．全数調査ではないが，調査目的のために，しっかりとサンプリングや解析手法を定めた政府統計データも調査データである．日本銀行も，景気動向を把握し，先手をうって金融政策を実施するために調査データを取得している.

　民間主体で行う調査データは，大規模なものから小規模なものまで多数ある．大規模なものとしては，企業の財務状況を把握するために定期的に行われる信用調査が有名である．不況になると企業の財務体質は悪化するため，投資家は倒産にいたる前にその状況を把握したい．財務状況に関係した信用調査は企業の信用問題にもかかわるため，実施している民間企業はデータの管理を厳格に行っている．ただしコストはかかる．一方，コストをかけずに，できるかぎり多くの人にアンケートに参加してもらうインターネット調査も普及している．インターネット調査の場合は，前述したデジタルデバイドを1つの原因として，サンプリングの偏りから誤った結論を導く危険性は大きいことを常に認識しておかねばならない.

▶ **b ログデータ**

　ビッグデータの本格的利用は，検索エンジンの登場がきっかけであることは1.1.2項で説明した．検索エンジンを提供する企業には，ユーザが「いつ」「どこで」「どのような言葉」を検索したかの情報が，ミリ秒（1/1,000秒）単位で，それも世界中から集まる．この情報収集の動きに拍車をかけたのがECである．これについても，1.1.2項で解説した．EC企業には，検索エンジン以上に，消費者が何に興味を持ち，どの商品とどの商品の相関が高そうかなど，ビジネス上きわめて価値のある情報が膨大に集まる．このように，ユーザや消費者の意識と関係なく計算機上に自動的に蓄積されるデータを**ログデータ**（log data）と呼ぶ．本来の意味は，計算機が処理した作業の内容を，コンピュータの観点ですべて記録したデータを指す．したがって，ログデータの具体的内容は以下に示すように非常に多岐にわたる.

　SNSの普及により，ログデータは個人情報とひもづけられ，1.1.2項で解説したようにビッグデータの利用はさらに活発化した．個人のスマホのSNS**アプリ**（app）の画面には，当人の嗜好を読み取った広告画面が表示されている．それは，SNS上

で交わされるキーワード，あるいは SNS 上に表示された広告サイト（**バナー広告**（banner ads））のクリックなど，ほぼすべて「あなたの行動」の結果によるものである．また，スマホは電波を正しく受信するために，場所を**携帯基地局**（mobile base station）[*1] に常時送信している．密に基地局が設置されているおかげで，移動体通信事業者（ドコモ，KDDI，ソフトバンクなど）には，すべてのユーザの所在/移動記録が蓄積されている．この記録は，**人の行動ログ**（human activity log）になる．コロナ禍の中で，駅や観光地に集まる人がどれくらい増減したかの割合も，この行動ログデータから算出されている．位置情報は個人情報そのものであるため，個人が特定されない形で，基地局ごとに何人いたかの情報が販売もされている．基地局ごとの空間解像度であっても，新規出店を考えている小売業者，ちらしの配布を考えている不動産業者，災害時避難施設の新設を構想中の地方自治体などにとっては，行動ログデータの価値はきわめて高い．

　大規模な人の行動ログデータが注目され始めたのは東日本大震災以後である．多くの自動車にはナビゲーションシステムが搭載されており，自動車メーカーの集中管理システムが各車の位置情報を常時集めている．このような，走行する車に搭載されたさまざまなセンサのデータのことを**プローブデータ**（probe data）と呼ぶ．東日本大震災のときは，大地震の後，プローブデータを活用してどの道路が通行可能か，渋滞を避けるためにどう迂回すればよいかなどの大変貴重な情報を自治体や輸送業者に届けることができた．

　ログデータとして重要性を増しているのが，**機械の稼働ログ**（machine operation log）データである．1.1.3 項で解説した IoT センサによって集められるデータがその代表的なものになる．身近なところでは，各家庭の電気量を計測するスマートメーターは，30 分に 1 回程度，電気量を集中管理する電力会社の部署に自動的にデータ送信している．その様子を図 1.2.1 の右側に模式的に示した．企業の事務部門におかれている大型のコピー機もその使用状態やトラブルを逐一，コピー機メーカーのメンテナンス部門に送信している．もしお札がコピーされたら，その情報はコピー機メーカーに自動的にアラームとして届く．企業ではログデータを解析することで，故障の前にトラブルの予告を行うサービスを行っている．また，故障の連絡があった際には作業員に，トラブルの原因の候補に対応した交換部品をリストアップするなど，ログデータの活用は作業の効率化に著しく貢献している．このように，機械

[*1] 基地局は，4G（2020 年頃の携帯の通信規格．次世代は **5G**（5th generation））で都市部だと 1km から数 km 間隔に設置されている．なお 5G になると，それが 1km 以下になる予定である．

の稼働ログのビッグデータの有効利用により，世界中でインダストリー 4.0（1.1.3 項参照）を目指した競争が激しい．

● c 実験データ

　研究の場面では，**実験データ**（experimental data）をよく取り扱う．実験データは，実験を目的としたセンサ（1.1.3 項参照）により得られる情報のことである．昔から，理論と実験は科学の駆動力といわれてきたように，実験データは研究対象の理解を深める上で欠かせないものである．センサの種類は千差万別であるためここでは詳しくは述べないが，近年の大きな特徴として，そのビッグデータ化を挙げておく．センサの空間解像度，時間分解能，エネルギー分解能などの劇的な向上により，データのサイズがそれまでの 100 倍，1,000 倍になるケースも普通である．このため，それまでは専門家が目で判断していた作業では，データが生み出されるスピードにまったく追いつけず，データが死蔵されることも頻発している．

● d 観測データ

　同様のことは，**観測データ**（observation data）に対しても起こっている．**ビッグサイエンス**（big science）と呼ばれる，総額数百億円から数千億円レベルの予算が必要な大型施設を用いた研究現場では，信じられないほどのビッグデータが産出されている．その多くは自然界における世界的新発見を目指したプロジェクトで，一番乗りだとノーベル物理学賞にもつながる．たとえば，ニュートリノ観測のための宇宙素粒子研究施設カミオカンデ，ハワイに設置されているすばる望遠鏡などでは，膨大な量の観測データが時々刻々蓄積されている．私たちに身近な観測データは，気象予報のニュースで示される人工衛星「ひまわり」の画像データや，全国約 1,300 ヵ所に設置された**アメダス**（automated meteorological data acquisition system, AMeDAS）で計測された気温や降水量データ，また地震速報を可能にする 2,000 ヵ所程度の**地震観測網**（earthquake observation network, seismographic network）による地震波形データである．

➤ 1.2.2　データの所有者

　AI はビッグデータなしには成立しえないこともあり，いかにビッグデータを獲

得するかがビジネスの勝敗を決めている．また，情報サービスにかかわるビジネスでは，ある業種の市場シェアトップ企業しか生き残れないという，「トップ総取り」の傾向がかなり強い．よって今の時代，自社でデータを得られるシステムを持つ企業が市場を独占できる．この結果，1.1.2 項で説明したように，消費者の嗜好に関する情報が豊富に得られる SNS を運営する企業の買収合戦が頻繁に起こるわけである．当然，消費者が不利にならないように，**独占禁止法**（antitrust law）や**個人情報保護法**（personal information protection law）による規制に各国の政府が力を入れている．また，SNS 上で消費者やユーザが生み出すデータは，いったい誰のデータなのかという議論も最近活発である．GAFA への風当たりも強くなる一方である．2018 年に設定された EU の**一般データ保護規則**（General Data Protection Regulation）も，この一連の不満に対応する形で EU が定めたデータ保護の枠組みである．この規則は通常その頭文字をとり，**GDPR** と呼ばれる（3.1.2 項参照）．

　企業によるデータの集め方に関してさまざまな規制が強化されつつある中，国や研究機関が集めたデータ（1.2.1 項参照）を多くの人に使ってもらおうという動きも活発である．このようなデータを**オープンデータ**（open data）という．特に，国や地方自治体の集めたデータは，個人情報に十分に留意しながら加工して公開すれば，住民の日常生活に役立つばかりか，企業は新しいビジネスを考えられる．また，税金で成り立っている研究資金によって得られた実験データや観測データ（1.2.1 項参照）は，公開を原則とする流れも強まっている．国費を投じて得られる調査データに関しても，法律や諸々の社会的制約の中で，広く使ってもらう努力がなされている．

　データの所有者に関する意識の変化を受けて，法律，規則，社会的規範を守りながら，コストをかけずに効率的にデータを集められるかが，ビジネス上非常に大切になっている．自社の業務や研究開発，また調査目的のために集めたデータのことを**1 次データ**（primary data）と呼ぶ．貴重なデータであるためその管理には企業は細心の注意を払い，結果として，公開されないばかりか，競合他社が手に入れられることはほぼない．**2 次データ**（secondary data）とは外部のデータを指す．1.2.1 項で解説したように，官公庁や国の研究機関，他社が保有している 1 次データなどのデータが相当する．気象庁が定期的に提供する，大規模なシミュレーションによる気象予報の数値データも 2 次データである．ウェザーニュースや日本気象協会のような気象予報を専門とする企業は，自社の 1 次データとこの 2 次データを融合して，自社独自の気象情報サービスを提供している．**3 次データ**（third party data）とは，複数種類のデータを加工し，ユーザにとって使いやすくされたデータである．

たとえば，調査会社などのデータ収集を専門に行う企業から購入できるデータのことをいう．1.2.1 項で言及した，基地局ごとの行動ログデータもそうである．1 次データ，2 次データ，3 次データの相対的な関係を，図 1.2.2 に模式的に示す．

メタデータ（metadata）とは，データはいつ，だれが，いかにしてといったような，データが得られた状況を説明したデータである．デジタルの写真データに含まれる，撮影日時と場所の情報もメタデータになる．場所情報は，すべてのスマホに**GPS**（global positioning system）が搭載されているので，その取得は容易である．

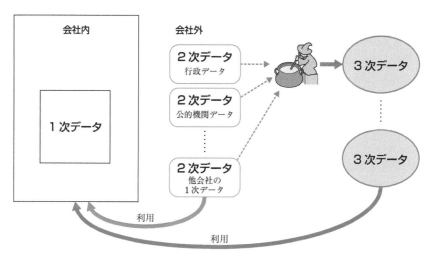

(a) 1 次データ，2 次データ，3 次データ

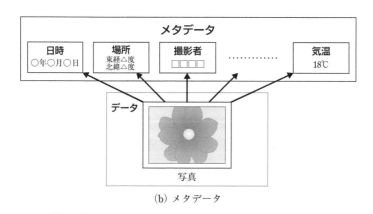

(b) メタデータ

図 1.2.2　1 次データ，2 次データ，3 次データ，メタデータ．

データの管理に用いられるさまざまな情報もメタデータと呼ばれる．たとえば実験データだと，どの会社の測定装置を使ったか，実験したときの気温，湿度，気圧などの環境条件などがメタデータに相当する．メタデータは，実験ノートにメモとして残しがちだが，データといっしょにデジタルデータとして保存しておくのが望ましい．なぜならば，データ単独だと，他人がデータの読み方に大変苦労するからである．データを得た際には面倒でも，さまざまなメタデータをデータに付属する（付随させる），**データのメタ化**の習慣が大切である．

メタデータのような，データが得られた状況や環境に関する情報は，データの信頼性にかかわるため非常に重要である．データには必ず**誤差**（error）を伴う．1.2.1項で説明した実験データには，計測装置の計測限界からくる誤差（**計測誤差**（measurement error））は必ず含まれる．観測データにも，観測装置の計測限界による誤差はもちろん，観測したときのさまざまな要因でもって想定外の変動がデータに入ってくる．一般に**観測誤差**（observation error）と呼ばれる誤差の主たる要因は，すぐに説明のつかない想定外の変動によるものである．観測の精度を高める努力は，まさにこの想定外を想定内に変えていく作業になる．データには必ず誤差が含まれ，値をそのまま信じてはいけないという鉄則は，ビッグデータの量が増えれば増えるほど深く認識せねばならない．「量が情報の質を（よい意味で）変えてきた」のがビッグデータ時代の特質ではあるが，「量が質を殺す」事態も同時に多発している．1.1.1項で説明した3Vに加えて，**正確さ**（veracity）と**価値**（value）の概念をあわせたものを，ビッグデータの特徴として**5V**と呼んでいる．なお価値とは，産業や社会生活における富や豊かさ，人の幸福感や満足感である．

➤ 1.2.3　構造化データと非構造化データ

データの処理を事後的にやりやすくするため，ある特定の目的のために収集されたデータは，あらかじめデータの並べ方を厳格に定めていることを1.1.1項で説明した．このようなデータのタイプを，**構造化データ**（structured data）と呼ぶ．わかりやすい例は図1.2.3に示す表計算用のデータになる（1.4.6項参照）．この構造化されたデータが**データベース**（database）である．計算機に構造化データの処理作業を指示するときには，データの並べ方のルールに従わなくてはならない．逆にルールに従っていれば，データの並び方の構造を上手に利用した，高速かつ大規模な

データに対する検索や処理が可能になる．**SQL**（structured query language）は，データベースを取り扱うための制御コマンド群の総称である．

　一方，データの並べ方にルールがないデータのことを総称して**非構造化データ**（unstructured data）と呼ぶ．図 1.2.3 に示すような，文書，画像，音声，音楽，動画がそうである．文書については 1.2.4 項にてさらに解説する．非構造化データを取り扱うためには，メタデータがないと，そのデータに対する知識なしにデータ分析は始まらない．もちろん，ルールがないといっても，文書は，その始まりから終わりまで文字が並んでいることは共通の構造である．画像の場合，**ピクセル**（pixel）と呼ぶ最小単位で構成され，1 つ 1 つのピクセルの色がデジタル情報として与えられている．音楽だと，曲の最初から最後まで，非常に短い時間幅（サンプリング周波数という）での音の大きさを表す数値が並んでいる．

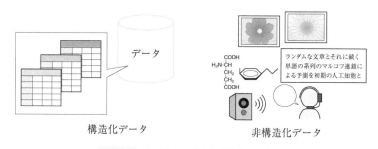

構造化データ　　　　　　　　　　　　非構造化データ

図 1.2.3　構造化データと非構造化データ．

　1.1.4 項で少し触れたが，画像認識とは，画像中の物体は何かを言葉で答える作業である．この画像認識は

- 特定物体認識
- 一般物体認識

に大きく分けられる．交通標識のように，標識マークの数が限られている状況を考えてみよう．特定物体認識とは，画像から何の交通標識か，つまり画像に対応した言葉を認識する課題である．自動運転では，まず特定物体認識は確実にできないと安全な走行ができない．それに対して一般物体認識は，ありとあらゆる言葉に対応した画像を取り扱う．当然，一般物体認識のほうが格段に難しい．一般物体認識でも，画像の中に 1 つ物体が入っている問題と，複数物体が入っている問題とはまた

格段に難易度が異なる．画像から物体を認識するためには，画像の中から物体の境界を切り出す，**セグメンテーション**（segmentation）という作業が必要になる．一般物体認識で実現される AI 機能の様子を図 1.2.4 に示す．図の中から物体らしき部分を特定する作業がセグメンテーションである．図中で箸とレンゲが重なっているように，異なるものが重なっているとセグメンテーションが難しくなる．この後，四角で囲われたものの名前を特定する．たいていの場合，認識は正しく行われるが，中央下のような生姜が醤油に浸してあったりすると回答ができなくなる．これらの作業は人間だと子供でも簡単にできるが，深層学習の登場前までは AI にとってかなり難しい作業であった．

図 1.2.4　一般物体認識のためのセグメンテーションとアノテーションの事例.

　深層学習では，膨大な数の画像と名詞のペアを分析し，パターンを上手に抽出する．深層学習が提案された 2006 年時点ではウェブ空間上に十分な画像データがなかったが，スマホと SNS の広がりとともに，世界中の多くの人がいつでもどこでも写真をとり，インターネット上にアップするようになった．このようにしてウェブ空間には相当な数の画像データが自動的に蓄積された．後はペアをつくればよいのだが，この作業を人手に頼っていたことが，深層学習誕生の 2006 年と，画像認識コンペで人々を圧倒した 2012 年の間に 6 年ものギャップがある理由の 1 つである．図 1.2.4 で具体的に説明すると，四角で囲われた部分に対して，人が 1 つずつ名前をつけていったことになる．なお，この作業は，**アノテーション**（annotation）と呼ばれる．画像認識の性能向上には，元画像にセグメンテーションとアノテーション

を施し新たにデータを作る作業，すなわち**データの作成**が非常に大きな役割を果たした．アノテーションは，**タグ付け**（tagging）あるいは**ラベル付け**（labeling）とも呼ばれる．もともとのタグは，服の素材や洗濯の仕方の説明文が書かれた小片や値札のことを指す．タグ付けの意味はどの場合も共通している．

Memo 自動彩色

　昔撮影された白黒の写真に，AIによってうっすらと色づけされた形の，よみがえった写真を目にすることも最近は多い．この作業は**自動彩色**（automatic coloring）と呼ばれる．自動彩色も，膨大な数のペアづくりが基本である．そのからくりは意外と簡単である．ウェブ空間上にはもはや莫大な数のカラー写真が存在する．それを白黒写真に変換すれば，(白黒写真, カラー写真) のペアが自動的にできる．つまり，アノテーションの作業が不要なのである．この方式の自動彩色は，人と自然風景の2つに対して特にうまく働く．この理由も簡単である．人々がインターネット上にアップする写真の多くは記念写真であり，その写真には人や美しい自然がたいてい写っている．したがって，そのような写真を莫大に得られるというのが，自動彩色がうまくいく理由である．

　深層学習の画像認識の応用は，もうかなり日常生活にとけ込んでいる．筆者の近所のパン屋のレジでは，人がパンを確認しながら値段を集計する代わりに，客がトレイをカメラの前に置くだけである．そうすると瞬時に総額が示される．この機能を実現する作業も簡単である．店員があるパン1つに対して，さまざまな角度や照明の仕方で多数の写真をとる．その写真に値段をタグ付けし，写真と数値のペアを多数作成する．後は深層学習におまかせである．もはや画像認識に関しては，車のエンジンの仕組みを知らなくとも誰でも車を運転できるのと同様に，深層学習の仕組みを知らなくとも誰でも実用化できるほど日用品化している．ただし，技術には必ず弱点が存在する．たとえば，菓子パンのチョココロネの置き方を考える．通常

(a)　　　　(b)　　　　(c)　　　　(d)

図 1.2.5　パン屋さんでの深層学習の事例.

は，図 1.2.5(a) のようにトレイに置かれるであろう．わざわざとがった部分を，図 1.2.5(b) のように上にしたならば*2，深層学習はチョココロネをクロワッサン（図 1.2.5(d)）と誤って認識するかもしれない．パン屋での話なら笑い話ですむかもしれないが，これが自動運転での誤認識であったなら大変である．たとえば，ゆるキャラの「着ぐるみ」を着た人が自転車に乗って，それも高速道路の端を走っていたとする．そのような状況に関する動画は事前に撮影されていないであろう．自転車をこいでいる人を道路脇のゴミと認識したら大変である．このように，画像認識技術もその精度向上に永続的な努力が必要である．

➤ 1.2.4 　自動翻訳

　画像認識における深層学習の大きな成功を受けて，技術開発の矛先は**テキスト**（text）データに向かう．テキストデータとは文字列のデジタルデータのことである．また人が読み書きするテキストデータのことを**自然言語**（natural language）という．どうしてわざわざ「自然」とついているのかというと，コンピュータ分野では「言語」というと，計算機が理解できるようにした**プログラミング言語**（programming language）を指すからである．自然言語の処理において重要なものの 1 つに，自動翻訳がある．たとえば，日本語から英語に，逆に英語から日本語に機械が変換する技術である．自動翻訳の技術開発の歴史も非常に長い．つまり，人間の根源的欲求の 1 つである．

　自動翻訳の技術開発は，長らく文法を主体としたルールベースで進められてきた．みなさんも初めて英語の文法を勉強したとき，日本語の文法とのあまりの違いに当惑したのではないだろうか．ごく簡単な文の構造だと，日本語と英語の変換のためにルール（規則）を定めることが可能で，そのルールを拡張していくのがルールベースの自動翻訳の戦略である．ところが，文章がちょっと複雑になっただけで，どれが主語と述語で，どの言葉がどれを修飾しているかもわかりづらくなる．そうなるとルールベースのアプローチでは手がつけられない．よって，自動翻訳技術の進展は着実にではあるが非常にゆっくりとしていた．

　そこにショックを与えたのがグーグル翻訳である．グーグル翻訳およびその後のほとんどの自動翻訳技術は，データ駆動型である．グーグルは世界的にサービスを

---

*2 そういった写真，たとえば図 1.2.5(c) のような上からとった写真は事前にはないであろう．

拡大する中で，起業当初から自動翻訳技術に力を入れていた．深層学習の自動翻訳への導入にも当然目をつけていたわけだが，そこで重要なのは，またまた膨大な数のペアの作成である．自動翻訳でのペアとは，たとえば (日本語, 英語) の文章のペアになる．このペアの収集と，画像認識とは異なるニューラルネットワークの構造の構築が，深層学習による自動翻訳の実用化では鍵であった．この構造の違いを図 1.2.6 で説明する．図 1.1.11 で説明した層を，図 1.2.6 では縦長の長方形で示した．この長方形の中には，多数のノードが含まれる．この図の左側に示すように，画像認識だと左部分が非常に広い，富士山を横に倒したような形のネットワークが有用である．一方，自動翻訳用のネットワークは，図の右側に示すように，右側の中間層の出力を改めて左側の中間層に戻すルートを持つ．このような構造が必要な理由は，文章中での 2 つの言葉の係り受けの仕方がいろいろあるためである．同じ意味を表す場合でも，2 つの言葉の位置が近いときもあれば，複数の言葉を挟んでかなり離れているときもある．ネットワーク中の戻すルートは，このような相対位置の違いにも上手に対応するためのものである．

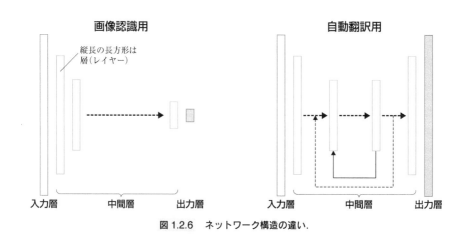

図 1.2.6　ネットワーク構造の違い.

2016 年に提案されたグーグル翻訳は，それまでの翻訳技術と比較して，ユーザの満足度からまったく異なるレベルに達していた．データ駆動型の自動翻訳はペアを集めれば集めるほど，またよいペアにしていけばいくほど技術の完成度が高まる．また高まるように，ユーザの不満や，具体的な改善の意見を自動的かつ大規模に集められるような，ウェブを通した情報サービスのシステムづくりが勝敗を決める．現

代の自動翻訳技術は，複数の言語の文字列のみが与えられた状況で未知の言語を理解するという形式から，**ロゼッタストーン**（Rosetta stone）による古代エジプト語の解読と同じである．

> ### Memo　ロゼッタストーン
>
> 　ロゼッタストーンとは，ナポレオンがエジプトに侵攻したときに発見した，古代エジプト語（ヒエログリフ）とギリシャ語とその他一言語の3言語でもって同一の文章が書かれた石碑である．ヒエログリフは，古代エジプトの王家の栄枯盛衰にかかわる映画にも度々登場する図を中心とした文字である．参考までに，図1.2.7に筆者の氏名のひらがな表記をヒエログリフで表示した．図であるので長らく，文字自体が意味を持つ表意文字（漢字での象形文字に相当）と考えられてきたが，なかなか解読されなかった．ロゼッタストーンにより，ヒエログリフは表意文字でなく，アルファベットのような表音文字（文字自体には意味はなく，音を表すだけ）であることがわかり，解読が一気に進んだ．これにより，古代エジプトのさまざまな文字が解読され，歴史の解明に大きな手がかりを与えた．
>
>
>
> **図 1.2.7　ヒエログリフの例.**

➤ 1.2節　練習問題

1.2.1　深層学習の高い性能が発揮されている技術的領域を複数選べ．

　　① 文章生成
　　② 画像認識
　　③ 自然言語処理
　　④ 感情分析
　　⑤ 音声処理

1.2.2 AIを用いた画像処理に関して正しい記述を選択せよ．複数あればそれらも選択せよ．

① 特定物体認識とは，写真の中から任意の物体の名前を特定する作業を指す．

② 画像認識の性能向上において最も重要な作業は，アノテーションの正確さである．

③ 自動彩色がうまくいく代表例は，鮮やかな色彩を持つ対象である．

④ 過去に存在しないものへの画像認識はうまくいくとは限らない．

⑤ 深層学習の登場前には，画像認識技術の研究はなされていなかった．

データと AI の活用領域

 キーワード データ・AI 活用領域の広がり（生産，消費，文化活動など），研究開発，調達，製造，物流，販売，マーケティング，サービス，仮説検証，知識発見，原因究明，計画策定，判断支援，活動代替，新規生成

　ビッグデータや IoT，ロボティクスといった新たな技術の進展によって，データと AI の活用領域は広がりを見せている．製造業や農業などの**生産**の領域では，品質管理や歩留まり改善に生産データや設備データが活用されている．また，画像認識技術やロボット制御技術を活用した農作物の自動選別や自動収穫への取り組みも始まっている．

　流通業やサービス業などの**消費**の領域では，販売業務を効率化するために，無人店舗やレジなし店舗の導入が進んでいる．次世代型店舗では決済自動化や商品推薦に，画像認識技術やセンシング技術が活用されている．また，購入した商品のアフターサービスとして，IoT データを活用した遠隔監視や予防的メンテナンスが行われている．

　芸術やスポーツなどの**文化活動**の領域では，有名画家の作風をまねた絵画の生成や，音楽の作曲，原稿・記事の自動生成などに深層学習が活用されている．また，野球やサッカー，バレーボール，バスケットボールでは，戦術立案や采配に AI を活用する取り組みも進められている．

　本節では，**データ・AI 活用領域の広がり**を知るために，事業活動におけるデータ・AI 活用の広がり（1.3.1 項）および，活用目的ごとのデータ・AI 活用の広がり（1.3.2 項）について解説する．

➤ 1.3.1　事業活動におけるデータ・AI 活用の広がり

　データと AI は，さまざまな事業活動の中で活用されている．企業における事業

図 1.3.1 バリューチェーン (value chain).

活動は，**バリューチェーン** (value chain)にあてはめて整理することができる（図 1.3.1）．バリューチェーンとは，マイケル・ポーターが著書『競争優位の戦略』の中で提唱した概念である．企業活動における価値の連鎖を表し，主活動と支援活動に大別される．主活動は，購買物流，製造，出荷物流，マーケティング・販売，サービスで構成される．支援活動は，インフラストラクチャー，人的資源管理，研究開発，調達で構成される．ここではバリューチェーンの研究開発，購買物流・調達，製造，出荷物流，マーケティング，販売，サービスにおいて，どのようにデータと AI が活用されているのか，複数の活用例を紹介しながら解説する．

a 研究開発におけるデータ・AI 利活用

研究開発の領域では，技術開発や素材開発などにデータと AI が活用されている．たとえば自動車開発においては，自動運転に向けた技術開発が行われている．自動車の位置情報や地図情報，画像認識技術やセンシング技術を活用し，人の運転操作なしに走行できる自動車の開発を目指している．素材開発においては，過去の実験データやシミュレーションデータから新素材を探索する取り組みが始まっている．この新素材開発に関する取り組みはマテリアルズインフォマティクスと呼ばれ，素材開発期間の短縮や未知の素材発見につながる可能性があると期待されている．医薬品開発においても，創薬や臨床試験にデータと AI が活用されている．創薬標的

候補となる化合物の探索や，化合物の最適化に関する取り組みが行われている．

　また，技術開発や素材開発だけではなく商品企画においても，データと AI の活用が進んでいる．商品企画では，消費者の嗜好や価値観，購入意向を把握するために，インタビュー調査やアンケート調査が行われる．市場の動向や消費者のニーズを踏まえ，新たな商品の企画・開発が行われている．

> **Memo　AI を活用して薬を開発する**
>
> 　新しい薬の開発には多大な時間とコストが必要になる．創薬の現場では，病気に効果のありそうな化合物を探し出し，何度も試験を繰り返して効果や安全性の評価が行われる．新しい薬を作り出す可能性がある化合物は無数に存在しているため，1 つ 1 つ効果を確認しながら創薬標的候補となる化合物を絞り込む必要がある．この創薬標的候補の探索に AI を活用する取り組みが始まっている．過去の実験データをもとに化合物の特徴を AI に学習させ，治療したい病気の薬となる可能性のある化合物を探し出す．AI の活用によって，新薬の開発期間が大幅に短縮することが期待されている．

◉　b　購買物流・調達におけるデータ・AI 利活用

　購買物流・調達の領域では，在庫適正化や調達コスト削減などにデータと AI が活用されている．製造業では，部品や原材料を仕入れて製品を製造している．不要な在庫を抱えすぎないために，製造する製品の需要予測を行い，部品や原材料の発注量を最適化する取り組みが行われている．納品までのリードタイム [*1] を考慮し，適切なタイミングで発注することによって，過剰在庫を防ぐことができる．

　また，調達を行う取引先の選定や調達価格の決定においても，データと AI が活用されている．原材料の生産量や調達価格が変動する場合，市場の動向を踏まえ適切なタイミングで取引する必要がある．原材料の価格を予測し，適切なタイミングで取引を行うことで，調達コストを削減する．

[*1] リードタイムとは，工程の開始から終了までの所要期間を意味する．部品や原材料を発注してから実際に納品されるまでには数日〜数週間の期間を要するため，必要となる部品や原材料を予測し事前に発注する．

> **Memo** 購買物流と出荷物流
>
> バリューチェーンでは，物流を**購買物流** (inbound logistics)と**出荷物流** (outbound logistics)に分けて整理している．製品を製造するための部品や原材料を仕入れて工場まで運ぶ活動を購買物流と呼ぶ．製造した製品を工場から倉庫や店舗，消費者まで運ぶ活動を出荷物流と呼ぶ．購買物流では，適切な価格で適切な量の部品や原材料を仕入れる必要がある．必要以上に部品や原材料を仕入れてしまうと，不要な在庫を抱えることになる．過去の出荷実績や市場動向から需要予測を行い，適切な発注量を算出することが求められる．
>
>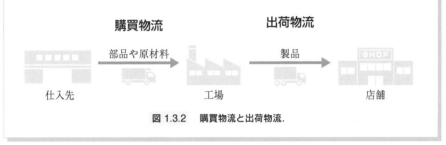
>
> 図 1.3.2　購買物流と出荷物流．

c 製造におけるデータ・AI 利活用

　製造の領域では，品質管理や歩留まり改善などにデータと AI が活用されている．製造においては，不良品の割合を少なくし，投入した原材料を効率的に使うことが求められる．原材料の投入量から期待される生産量と，実際の生産量の比率は歩留まり率と呼ばれ，生産性や効率性を測る指標として用いられている．歩留まり率が悪い場合は，不良品が製造されてしまう原因を分析し，改善活動を行う．

　検査工程の省力化や生産計画の最適化にも，データと AI が活用されている．たとえば画像認識技術を用いて，これまで目視で行っていた検査工程を自動化する取り組みが進められている．カメラで撮影した製品画像から，良品と不良品を判別し，自動的に不良品を検出する．また，これまで熟練者が実施していた生産計画を自動化する取り組みも行われている．需要予測の結果をもとに，生産能力やリードタイムを考慮し，最適な生産計画を作成する．

Memo カメラ画像を使って不良品を見つける

　食品や日用品を製造する工場では，製造工程で発生した不良品を見つけるために画像認識技術が活用されている（図 1.3.3）．日々，大量の商品が製造される工場において，良品と不良品を人の目で見分けるには限界がある．そこでカメラ画像を使って不良品を検出する仕組みの導入が進んでいる．大量の良品画像データと不良品画像データを準備し，良品と不良品の違いを AI に学習させることによって，自動的に不良品を検出できるようにしている．

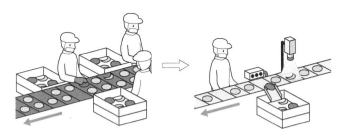

図 1.3.3　　画像認識技術を活用した不良品を検知.

d　出荷物流におけるデータ・AI 利活用

　出荷物流の領域では，輸送業務の効率化や倉庫内作業の効率化などにデータと AI が活用されている．物流では，トラックや鉄道などによる貨物の輸送と，物流拠点での貨物の荷役・保管が行われる．輸送業務では，需要予測を行うことで必要な輸送量を把握し，適切な数のトラックやドライバーを手配する取り組みが行われている．また，輸送効率を上げるために，トラックへの積載量を最適化する取り組みや，トラックの輸送ルートを最適化する取り組みも行われている．

　物流拠点では，倉庫内の棚の配置を最適化することによって，作業員のピッキング業務を効率化する取り組みが行われている．また，画像認識技術を活用して，倉庫内の商品を自動的に仕分けする取り組みも進められている．

Memo 求められる物流業務の効率化

　近年，EC サイトやフリマアプリの利用が増え，物流で扱う荷物量が増加している．消費者の集配ニーズも多様化しており，到着日時指定や温度管理など対応すべきリク

エストも多い．一方，トラックドライバーや倉庫作業員は慢性的に不足しており，物流業務の効率化が求められている．画像認識技術やロボット制御技術を活用することによって，物流業務を省力化する取り組みが進んでいる．

● e マーケティングにおけるデータ・AI利活用

マーケティングの領域では，商品推薦や価格設定などにデータとAIが活用されている．たとえばECサイトでは，商品の購入履歴やサイト閲覧履歴から，興味・関心がありそうな商品を推薦するレコメンデーションが行われている．また，収益の最大化を目的に，需要と供給に応じて価格を変動させるダイナミックプライシングに関する取り組みも進められている．需要予測の結果や，販売状況，在庫状況を踏まえ，収益が最大化するように商品やサービスの価格が設定される．

顧客獲得や顧客育成にも，データとAIが活用されている．新たな顧客を獲得するために，従来からあるマスメディア（テレビ，新聞，雑誌，ラジオなど）に加え，検索連動型広告などのインターネット広告の活用が進んでいる．検索連動型広告では，検索エンジンでユーザが検索したキーワードに関連する広告が表示される．また，マーケティングの領域では売上への貢献度が高い優良顧客を維持することが重要とされ，優良顧客を対象としたロイヤリティプログラムを導入する企業も増えてきている．流通業におけるポイントプログラムや航空会社のマイレージプログラムなどが有名である．ロイヤリティプログラムで集めた顧客データを分析し，優良顧客の育成や顧客離反の防止につなげている．

Memo なぜ正月やお盆は飛行機チケットが高いのか？

正月やお盆などの帰省シーズンに飛行機やホテルを探すと，ほとんど割引がなく普通運賃（定価）でチケットなどを購入することになる．一方，特にイベントのない平日であれば，お手頃な価格で飛行機やホテルを手配することができる．これは航空会社やホテルが，消費者の需要にあわせて価格を変動させるダイナミックプライシングという仕組みを導入しているからだ．需要が高まる時期には価格を上げ，需要が少ない時期には価格を下げることによって，飛行機やホテルが空席/空室になることを防いでいる．

このダイナミックプライシングを実現するためには，消費者の需要を予測し，適切

なタイミングで価格を上下させる必要がある．航空会社やホテルでは，過去の販売実績や天候情報，近隣でのイベント情報などのデータを集め，将来の需要を予測し価格を変動させている．正月やお盆に飛行機やホテルの価格が下がらないのは，需要予測の結果に基づき値引きする必要がないと判断できるからだ．お手頃な価格で旅行したい場合は，需要の高い繁忙期ではなく，閑散期を狙うのがよさそうである．

〇 f 販売におけるデータ・ AI 利活用

販売の領域では，販売管理や予算管理などにデータと AI が活用されている．たとえば流通業では，**POS**（point of sale）システムを導入し，レジでバーコードをスキャンすることによって販売実績を蓄積している．蓄積された販売実績は，週次や月次で実施する売上分析に利用される．売上分析では，販売実績の増減傾向や予算達成状況などを確認する．販売実績を日別や商品別，店舗別などに細分化し比較することによって，課題となっていることを見つけ出すことができる．

また営業活動の効率化にも，データと AI が活用されている．日々の営業活動が記録された営業日報を分析することによって，効率的な営業活動につなげる取り組みが行われている．営業日報は，テキスト（文書）で記録されているため，自然言語処理技術を用いて分析が行われる．営業担当者ごとの営業成績や営業方法を分析し，各担当者の得意・不得意を把握する取り組みが行われている．また，営業日報から提案の進捗状況を把握し，最適な訪問計画を作成する取り組みも行われている．

> **Memo** POS データと ID 付き POS データ
>
> 　コンビニエンスストアやスーパーマーケットで買い物をすると，「いつ，どの店舗で，どの商品を，いくらで，何個買ったのか」が記載されたレシートを受け取る．このレシートに記載された情報を集めたものが **POS データ**である．コンビニエンスストアやスーパーマーケットでは，この POS データを使って売れ筋商品の分析を行っている．売れ筋商品は地域や季節によって異なるため，それぞれの店舗で POS データの分析を行い，各店舗にあった品揃えを検討している．
>
> 　このような POS データを活用した分析は古くから行われてきたが，2000 年代にコンビニエンスストアやスーパーマーケットでポイントが貯まるポイントカードが登場し，POS データの活用の幅が一気に広がった．顧客が買い物をする際にポイントカー

ドを提示することによって，販売実績データと顧客データのひもづけが行えるように
なり，「誰が，いつ，どの店舗で，どの商品を，いくらで，何個買ったのか」を分析で
きるようになった．この顧客を識別する ID 情報を付加した POS データを **ID 付き
POS データ**と呼び，近年活用が進んでいる．POS データに「誰が」という情報が追
加されることによって，同じ商品を何度もリピート購入している顧客や，販売促進施
策に反応し購入する商品を変更した顧客を分析できるようになった．

g サービスにおけるデータ・AI 利活用

サービスの領域では，修理やメンテナンスなどのアフターサービスにデータと AI
が活用されている．たとえば自動車や工作機械は，安定的に稼働させるために，定
期的な修理・メンテナンスが必要になる．また，道路や鉄道，ライフライン（電気，
ガス，水道）などのインフラ設備においても，定期的な点検・補修が行われている．
設備の故障が生産ラインの停止や重大な事故につながる可能性がある場合，設備を
常時監視し，異常があれば早期に復旧することが求められる．そのため稼働記録や
センサデータをもとに異常を検知し，故障している箇所を特定する取り組みが行わ
れている．また，設備の劣化を予測し，故障前に修理交換を行う予防的メンテナン
スに関する取り組みも進められている．

　顧客対応の高度化や効率化にも，データと AI が活用されている．コールセンター
では，オペレータ業務を効率化するために，音声認識技術や検索技術の活用が進ん
でいる．顧客との会話をテキスト変換し，問い合わせに対する回答候補をオペレー
タの画面に提示することで，応答速度や対応品質の向上につなげている．また，顧
客からの問い合わせ対応をチャットボットによって自動化する取り組みも始まって
いる．

> Memo 問い合わせに答えてくれるチャットボット
>
> 　みなさんは商品やサービスに関する問い合わせのために，コールセンターに電話を
> したことがあるだろうか？　多くのコールセンターでは，最初に自動音声による案内
> メッセージが流れ，ガイドに従って問い合わせしたい内容のボタンを入力していくと，
> 適切な窓口のオペレータにつながり会話することができる．オペレータと会話しなが
> ら確認したい場合はこの仕組みで問題ないが，ちょっとした質問のためにわざわざ電

話をするのは面倒である．またコールセンターの窓口時間が決まっている場合，深夜や早朝に確認したいことがあっても問い合わせすることができない．

　そこで登場したのが**チャットボット**（chatbot）（図 1.3.4）である．チャットボットとは，チャット（chat）とロボットのボット（bot）を組み合わせた言葉で，自動的に受け答えを行うプログラムを指す．チャット画面に質問したい内容をテキストで入力すると，チャットボットがあらかじめ用意された回答の中から適切な答えを返してくれる．チャットボットは自然言語処理技術を活用することによって，質問の仕方が多少異なっていても問い合わせの内容を判断し質問に答える．チャットボットを使えば24 時間いつでも顧客からの問い合わせに答えることができるため，さまざまな企業で導入が進んでいる．

図 1.3.4　チャットボットを活用した旅行予約.

➤ 1.3.2　活用目的ごとのデータ・AI 活用の広がり

　データと AI は，さまざまな目的で活用することができる．ここではデータと AI の活用目的に着目し，仮説検証，知識発見，原因究明，計画策定，判断支援，活動代替，新規生成において，どのようにデータと AI が活用されているのか，複数の活

用例を紹介しながら解説する.

● a 仮説検証

データと AI を活用することによって，立てた仮説を検証することができる．たとえば製造業の研究開発では，さまざまな仮説を立てながら実験が行われている．仮説に基づき実験を行い，実験データを分析することで仮説が正しかったかを検証する．複数の要因を同時に検証する場合は，実験計画法などを利用し効率的な実験となるように工夫する．

製造業や流通業では，仮説をもとにキャンペーンを企画し，販売促進活動を行っている．過去のキャンペーン結果をもとに，売上向上につながる販売促進施策の仮説を立て，特売やクーポン配布などのキャンペーンを実施する．キャンペーンごとの販売促進効果を検証し，次回のキャンペーン企画に反映させる．金融業では，仮説をもとにターゲット企業を設定し，営業活動を行っている．自社の商品およびサービスを購入する可能性が高い企業の仮説を立て，ターゲットとなった企業を中心に営業活動を行う．営業活動の結果をもとに成約率を検証し，成約率が伸びていない場合はターゲットの見直しを行う．

マーケティングリサーチでは，仮説をもとにアンケート設計が行われている．マーケティングリサーチで調査したい仮説を検討し，アンケート項目に反映させる．アンケート結果を分析することで，設計時に立てた仮説が正しかったか検証する．仮説と異なる結果が得られた場合は，該当箇所について考察し，仮説の見直しを行う．

> **Memo** キャンペーンは仮説検証の繰り返し
>
> 食品メーカーや日用品メーカーのウェブサイトを見ていると，さまざまなキャンペーンが開催されていることに気づく．たとえば，商品を一定数購入すると応募できるキャンペーンや，ソーシャルネットワーキングサービス（SNS）と連動したキャンペーンなどが実施されている．これらのキャンペーンは食品メーカーや日用品メーカーのマーケティング担当者が，仮説を立てながら企画している．今回のキャンペーンはどの顧客層をターゲットとすべきか，どの時期にキャンペーンを実施するのが効果的かなど，仮説を立てながらキャンペーン内容を設計する．立てた仮説が正しかったかどうかは，キャンペーン結果データを使って確認する．キャンペーン結果データを分析すると，ターゲットとした顧客層の反応率が悪かったり，当初想定していなかった顧客層の応

募が多かったりと，仮説と異なる結果になることがほとんどである．その結果を踏まえて仮説の修正を行い，次のキャンペーンを企画するというサイクルを繰り返す．このサイクルのことを**仮説検証 PDCA サイクル**と呼ぶ（図 1.3.5）．PDCA とは，Plan（計画），Do（実行），Check（評価），Action（改善）の頭文字をとったものである．仮説検証 PDCA サイクルを繰り返すことで効果的なキャンペーンを実施できるようになる．

図 1.3.5　仮説検証 PDCA サイクル.

▶ b 知識発見

データと AI を活用することによって，新たな知識を発見することができる．たとえば流通業では売上を向上させるために，顧客の購買パターンを分析する取り組みが行われている．コンビニエンスストアやスーパーマーケットでは，売上を増やすためにさまざまな販売促進活動が行われている．その中でも顧客単価を増やす活動は，売上向上のための重要な施策と位置づけられている．顧客がよく一緒に購入する商品の組合せを購買データの中から見つけ出し，クロスセルにつなげる取り組みが行われている．海外のスーパーマーケットにおいて，ビールと紙おむつがよく同時に購入されていることを発見した例が有名である．

製造業では顧客ニーズを把握するために，**顧客の声**（voice of customer, VOC）を分析する取り組みが行われている．コールセンターや SNS で集めた顧客の声を分

析することで，顕在化していなかった顧客ニーズや商品・サービスの改善箇所を見つけ出すことができる．

> **Memo** アップセルとクロスセル
>
> マーケティングではアップセルとクロスセルという手法がよく用いられる．アップセルとは，ある商品の購入を検討している顧客に，より上位の商品（高額な商品）をすすめることを指す．家電量販店での「こちらの商品のほうが，機能が豊富ですよ」や，飲食店での「M サイズより L サイズのほうがお得ですよ」という提案がアップセルにあたる．クロスセルとは，ある商品の購入を検討している顧客に，関連する商品をすすめることを指す．家電量販店での「パソコン購入者にマウスをすすめる」や，飲食店での「一緒にドリンクもいかがですか」という提案がクロスセルにあたる．アップセル・クロスセルを実現するためには，購買データの分析が欠かせない．上位商品を購入しやすい顧客像や，関連購入されやすい商品の組合せを購買データから導き出す．アマゾンや楽天などの EC サイトでは，このアップセル・クロスセルを効果的に活用し売上を伸ばしている．

▶ C 原因究明

データと AI を活用することによって，課題の原因を探ることができる．たとえば製造業では，生産性を向上させるために不良品を減らすための原因分析が行われている．不良品が製造されてしまう条件や手順を明らかにし，改善活動を実施する．市場投入後に不良品が見つかった場合は，不良の原因を特定し，影響範囲を調査する必要がある．同じ条件で製造したロット[*2]を追跡し，回収や修理を行う．また生産設備が故障した場合は，稼働記録やセンサデータをもとに，設備故障の原因を分析し，故障の原因となった部品を修理・交換する．

通信業では，顧客の離反を防止するために，解約につながる要因を分析する取り組みが行われている．これを**チャーン分析**（churn analysis）と呼ぶ．過去に離反してしまった顧客の利用実績や対応履歴をもとに，顧客が解約を決めてしまう状況や要因を見つけ出し，離反防止施策を検討する．解約する可能性が高い顧客に対して，適切なフィードバックを行うことで，解約してしまう顧客を減らすとともに，サー

[*2] ロットとは，同じ条件で製造された製品の最小単位を指す．ある製品に不良が見つかった場合，同じ条件で製造されたロットにも不良品が含まれる可能性が高いため，回収や修理を行う．

ビス内容の改善につなげる.

　また，マーケティングを目的としたウェブサイトでは，成約率を上げるためにウェブサイトの離脱要因を分析する取り組みが行われている．ウェブサイトは，商品購入やサービス申込，会員登録などの目標を設定し運用されている．顧客が離脱しているウェブページを特定し，離脱要因を分析することで，ウェブサイトの改善につなげている.

Memo トレーサビリティ

トレーサビリティ（traceability）とは，trace（追跡）と ability（可能性）を組み合わせた言葉で，製品の原材料調達から製造，物流，販売にいたるまでの過程を追跡できることを指す．トレーサビリティの仕組を構築することによって，どの工程で不良が発生したのか原因究明に役立てることができる．トレーサビリティを実現するためには，生産データや物流データ，販売データをひもづけて管理する必要がある．不良品が見つかった場合は，製品の製造番号やシリアル番号をもとに，その製品が作られた生産ラインや原材料の仕入れ先を特定する.

◉ d 計画策定

　データと AI を活用することによって，最適な計画を策定することができる．たとえば流通業では，従業員のシフト管理を最適化する取り組みが行われている．業務に必要な人員数と，従業員の勤務形態や休暇希望を踏まえ，最適なシフト管理表を作成する．また製造業では，設備を継続的かつ安定的に稼働させるために，設備の点検時期およびメンテナンス時期を最適化する取り組みが行われている．設備の稼働状況を踏まえ，設備の劣化予測や部品の寿命予測をもとに，設備点検計画を作成する.

　物流業では，配送効率を上げるために，配送ルートを最適化する取り組みが行われている（図 1.3.6）．配送ルートを最適化することによって，輸送量を増やし，物流コストを削減することができる．また配送時間が短縮することで，トラックドライバーの負担軽減にもつながる．警備業務では，警備員の配置や巡回ルートを最適化する取り組みが行われている．商業施設やスポーツ施設，観光施設では，混雑状況に応じて適切な数の警備員を配置する必要がある．事前に混雑状況を予測し，予測結果に基づいて警備計画を作成する．警備を行う際は，適切なルートで施設内を

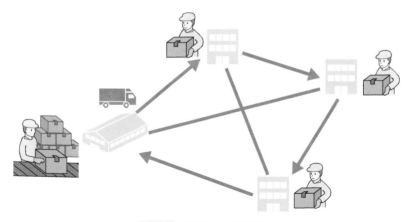

図 1.3.6 配送ルートの最適化.

巡回することで, くまなく施設を見回ることができる.

> **Memo** アルバイト先の店長さんの悩み
>
> みなさんのまわりに飲食店や小売店でアルバイトをしている友人はいないだろうか. もしアルバイトをしている友人がいれば, アルバイト先の店長さんが何に悩んでいるか聞いてみよう. いろいろな悩みがあるはずだが, 悩みの1つとして「スタッフのシフト管理が大変」という言葉が返ってくるかもしれない. シフト管理とは, A さんは平日の 17 時から 21 時まで働けるが月末は休む必要がある, B さんは休日の 9 時から 12 時まで働けるがまだ仕事に慣れていないため 3 人体制で働く必要があるなど, スタッフの勤務時間や勤務体制を管理することを指す.
>
> 飲食店や小売店ではアルバイトを多く雇っているが, スタッフごとに働きたい曜日や働きたい時間が異なる. 店長は各スタッフの希望を尊重しつつ, 業務に必要な人数を満たせるようにシフト管理を行っている. スタッフの数が 1 名や 2 名であれば, それほど複雑な作業ではないが, スタッフの数が増えてくると途端に最適なシフトを作成することが難しくなる. このようにさまざまな制約条件の下, 多くの選択肢の中から最適な組合せを求めることを組合せ最適化問題と呼ぶ. スタッフのシフト管理（勤務スケジューリング）も組合せ最適化問題の 1 つとして研究が行われており, 便利なソフトウェアやクラウドサービスが次々と登場している. 店長さんの悩みが解決する日も近い.

e 判断支援

　データと AI は，ビジネスにおける意思決定や判断を支援してくれる．たとえば流通業では，新規店舗出店や既存店舗再構成の判断に，商圏分析の結果を活用することができる．新規店舗を出店する場合，商圏分析によって各エリアの地域特性や競合情報を把握し，複数の候補エリアの中から出店するエリアを決定している．商圏分析では，**地理情報システム**（geographic information system，GIS）が利用される．

　医療では，画像診断に画像認識技術を活用することができる．画像認識技術を用いて，医用画像から病巣や病変を認識することで，画像診断にかかわる専門医の判断を支援する．公共における防災では，避難誘導の判断に河川水位予測や土砂災害予測，被害シミュレーションの結果を活用することができる．台風や集中豪雨による河川の増水や氾濫を，センサデータや画像監視データをもとに把握し，避難勧告や避難指示に活用している．また，事前に被害シミュレーションを行うことで，災害時の避難エリアの検討に役立てている．

　スポーツでは，試合の采配に過去の試合データを分析した結果を活用することができる．過去の試合データを分析し，自チームおよび対戦相手の強み・弱みを把握することで，試合の勝率を高めることができる．野球やサッカー，バレーボール，バスケットボールなどで，統計データを戦術立案に活用する取り組みが進んでいる．その中でも野球におけるセイバーメトリクスが有名である．

> **Memo** どこにお店を出すと儲かりそうか？
>
> 　日本全国にチェーン展開している飲食店や小売店では，新たな店舗を出店する際に商圏分析を実施している．商圏とは，そのお店に集客できる地理的な範囲を指す．たとえばコンビニエンスストアの商圏は狭く，自宅や学校の近くにある店舗が利用される．一方，ショッピングセンターや家電量販店などは，電車を乗り継いで来店する顧客も多く商圏は広い．新たな店舗を出店する場合は，出店候補地の商圏を分析し売上予測を行う．商圏分析は地理情報システム（GIS）を用いて，地図上にデータをマッピングしながら実施する．商圏分析では，国勢調査や経済センサス，家計調査などの統計データが利用される．みなさんが回答に協力した国勢調査データも，このようなところで活用されている．地図上に出店候補地，既存の自社店舗，競合店舗を重ね合

わせ，新たに店舗を出店した場合の売上予測を行う．売上予測の結果をもとに，その
エリアに新たな店舗を出店するか否かを判断する．

▶ f 活動代替

データと AI を活用することによって，さまざまな活動を人の代わりに実施する
ことができる．たとえば，自動車における運転操作を自動化する取り組みが進めら
れている．現在は，運転者が一部またはすべての運転タスクを実行しているが，最
終的にはすべての運転タスクを自動運転システムに実行させることを目指している．
また自動運転技術を活用し，後続車を無人にして走行するトラック隊列走行に関す
る取り組みも始まっている．

流通業では，販売業務を効率化するために，無人店舗やレジなし店舗の導入が進
められている．画像認識技術やセンシング技術を活用することで，来店した顧客は，
店員と接することなく商品を購入することができる．農業では，農作物収穫を自動
化する取り組みが進められている．画像認識技術やロボット制御技術を活用し，農
作物の自動選別や自動収穫を行うことで，従来は人が行っていた収穫時期の判断や，
出荷できない農作物の仕分けをロボットに任せることができる．金融業では，株式
売買を自動化する取り組みが行われている．株価や出来高などに応じて，自動的に
売買注文を行うアルゴリズム取引が利用されている．あらかじめ設定しておいた条
件にそって，自動的に売買注文が繰り返される．

> **Memo** 財布を持たずに買い物ができる！
>
> 2018 年にアマゾンがシアトルでレジなし店舗 Amazon Go をオープンし話題となっ
> た（図 1.3.7）．日本でも無人店舗やレジなし店舗の導入が進められている．レジなし
> 店舗では，事前にクレジットカードや電子マネーの情報を登録することによって，レジ
> に並んで会計することなく商品を購入することができる．店舗には無数のカメラとセ
> ンサが設置されており，どの顧客がどの商品を手にとったのか画像認識技術を用いて
> 把握している．一度手にとった商品も，棚に戻せばお金を請求されることはない．入
> 店から退店まで顧客の動きをカメラで捉え，最終的に持っていた商品の合計金額が登
> 録したクレジットカードや電子マネーから支払われる．レジに並んで商品のバーコー
> ドをスキャンする必要もなければ，財布を持つ必要もない．まさに手ぶらで買い物が

できる未来がもうそこまで来ている.

図 1.3.7 Amazon Go.
[photo by Getty Images]

g 新規生成

データと AI を活用することによって,これまで存在していなかった新たなデータを生成することができる.たとえば深層学習を活用し,架空の画像を生成する取り組みが始まっている.**敵対的生成ネットワーク**(generative adversarial network, GAN)を活用することで,有名画家の作風をまねた絵画を生成することができる.また,有名音楽家の楽曲を大量に学習させることによって,類似した曲を生成できる.

テキスト(文章)を要約し,新たな文章を生成する取り組みも進められている.ニュース原稿や新聞記事を自動生成することで,執筆作業を効率化できる.また,動画の中から特徴的なシーンを抽出し,ダイジェスト映像を生成する取り組みも始まっている.映画やドラマ,スポーツなどのダイジェスト映像を自動生成することで,編集作業を効率化できる.

Memo 有名画家の新作?

2016 年,オランダの画家であるレンブラントの作風をまねた作品が,The Next Rembrandt プロジェクトから発表された(図 1.3.8).レンブラントは 17 世紀に活躍したバロック絵画の巨匠である.このプロジェクトでは,レンブラントの作風や特徴

をAIに学習させ，3Dプリンタを用いてレンブラント風のオリジナル絵画を完成させた．できあがった作品は，レンブラント本人が描いた新作だといわれれば信じてしまうほどの完成度であった．AIは芸術の分野でも活用が進んでいる．

図 1.3.8　The Next Rembrandt プロジェクトで生成されたオリジナル絵画．
[The Next Rembrandt より引用]

参 考 文 献 ···

情報処理推進機構 AI 白書編集委員会 (編)(2020)，AI 白書 2020，角川アスキー総合研究所．
本橋洋介 (2019)，業界別！AI 活用地図，翔泳社．

➤ 1.3節　練習問題

1.3.1 次の文章における（ア），（イ），（ウ）にあてはまる語句の組合せとして，適切なものを1つ選べ．

バリューチェーンにおける製造の領域では，これまで目視で行っていた検査工程を省力化するために，（ア）技術を用いて良品と不良品を判別し，自動的に不良品を検出する取り組みが行われている．販売の領域では，販売実績データをもとに，売上の増減傾向を分析する取り組みが行われている．流通業では（イ）システムを導入し，レジでバーコードをスキャンすることによって販売実績を蓄積している．マーケティングの領域では，収益の最大化を目的に，需要と供給に応じて価格を変動させる（ウ）に関する取り組みが進められている．

① （ア）画像認識（イ）異常検知（ウ）歩留まり改善
② （ア）自然言語処理（イ）異常検知（ウ）ダイナミックプライシング
③ （ア）画像認識（イ）POS（ウ）ダイナミックプライシング
④ （ア）自然言語処理（イ）POS（ウ）歩留まり改善

1.3.2 データと AI の利活用について，適切でないものを 1 つ選べ．

① データと AI を活用することで，従業員の勤務形態や休暇希望を踏まえたシフト管理表を作成することができる．
② データと AI を活用することで，有名画家の作風をまねた新たな絵画を生成することはできない．
③ データと AI を活用することで，顧客がよく一緒に購入する商品の組合せを，購買データの中から見つけ出すことができる．
④ データと AI を活用することで，自動車における運転操作を自動化する取り組みが進められている．

=={ 1.4 }==
データ・AI利活用の
ための技術

 データ解析（予測，グルーピング，パターン発見，最適化，シミュレーション・データ同化など），データ可視化（複合グラフ，2軸グラフ，多次元の可視化，関係性の可視化，地図上の可視化，挙動・軌跡の可視化，リアルタイム可視化など），非構造化データ処理（言語処理，画像/動画処理，音声/音楽処理など），特化型 AI と汎用 AI，今の AI で出来ることと出来ないこと，AI とビッグデータ，認識技術，ルールベース，自動化技術

　本節では**データ解析**（data analysis)の具体的内容や AI の現状について述べる．またこれらとも密接に関係するデータの**可視化**（visualization)や，解析対象となるデータ（特に画像などの非構造化データ）の種類などについても触れる．

➤ 1.4.1　誰もが無意識にデータを解析して生きている

　1.4.2～1.4.4 項では，代表的なデータ解析として「予測」「発見」「分類」を紹介する．その際，最も理解してほしいのは，「選ばれたデータ解析の専門家だけがデータを解析して活用できる」のではなく，「**誰もが無意識にデータを解析して，その結果を用いて生活している**」という事実である．このことは，図 1.4.1 のように，身のまわりの例で考えてみると，わかりやすいだろう．たとえば「ここのところずっと雨なので，明日は晴れるだろう」は「予測」，「赤いアメはイチゴ味」は「傾向や関連の発見」，「目の前の動物は犬か猫か」は「分類」など，小さな子供でも無意識に行っていることが実は高度なデータ解析と強く関連している．こうした例は，当たり前すぎて，いずれもデータ解析とは無縁にすら見える．しかし，自らの経験や知識で得たデータを脳内で解析して得られた結果なのである．

　これらの例が示すように，データ解析は，数学が苦手な人どころか，算数を習ってすらいない幼児にとっても，きわめて身近なものである．したがって，本書を手に

予測　　　　　　傾向の発見　　　　　分類（認識）

図 1.4.1　子供ですら無意識に高度なデータ解析を行っている．この場合のデータとは，自身の過去の経験である．

とったみなさんであれば，データ解析の意義や基本的な考え方は，必ず理解できるはずである．「データ＝数値が並んだ無味乾燥なもの」「データ解析＝難しくて専門家しかできない/自分の人生には関係ない」といった先入観は捨て，その面白さをぜひ理解していただきたい．その上で，自分自身が日々（無意識に）どのようなデータ解析をして生きているのかを考えてみると，きっと楽しいはずである．

1.4.2　さまざまなデータ解析 — 予測

a 身近な「予測」

まずは，**予測**（prediction）について見てみよう．予測の代表例は天気予報である．過去数十年分の天気変化のデータや，最近1週間分のデータを用いて，明日以降の大気の状態を推定する．人類は，気象衛星もない大昔から，身近なデータで天気を予報していた．それらは「朝焼けは雨，夕焼けは晴れ」「ツバメが低く飛ぶと雨」といったことわざに残っている．今は全地球規模でさまざまなデータが手に入るようになったために，その予測精度はきわめて高い．他の例として，株価の予測がある．値段が上がると予測される株を買って，一番上がったと予測されるときに売る，というのが基本である．株価予測も現在は膨大な過去のデータを使って行われている．

b 予測の方法

予測には，大きく2つの方法がある．第一は，これまでのデータから何らかの法則を見出して，その法則が今後も続くと仮定して，未来を予測する方法である．た

とえば，図 1.4.2(a) のように，自分の給料が，10 年前の初任給が 15 万，入社 5 年後に 20 万，入社 10 年の現在が 25 万円だとする．このとき「5 年後は 30 万円だろう」と予測する方法である．すなわち，増え方は一定だろう（毎年 1 万円増える）という法則を過去 10 年間の状況から導いた上で，5 年後を予測したことになる．同図 (b) のように，完全には直線には乗らない一般的な場合でも，直線を法則として

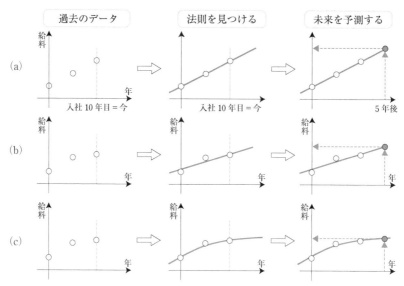

図 1.4.2　予測の方法 1：過去のデータから法則を導く方法．　(a)　(b) は「法則＝直線」とした場合．　(c) は「法則＝曲線」とした場合．

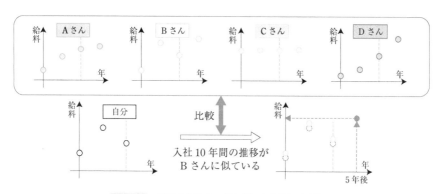

図 1.4.3　予測の方法 2：似たデータを用いる方法．

用いることはできる[*1]. 同図 (c) のように曲線を用いることも可能である.

　第二の方法は, 似たデータを用いる方法である. 図 1.4.3 のように, 給料予測ならばさまざまな人々の給料の変化をデータとして蓄積しておく. その人々の中から自分に似た人を探して, その人の給料変化データを用いて, 未来を予測する. 要するに「その人と自分は同じような変化をたどる」と考えるのである. これならば, 法則を見つけるのが困難な複雑な変化を伴う場合であっても, 同じようなデータがあれば未来を予測できる.

c 予測の難しさ

　未来が予測できれば便利だが, 実際には難しいことも多い. 先の給料予測の場合, 第一の方法では「毎年 1 万円増える」ことを法則として未来を予測した. しかし, 予測後に景気変動が起これば, この法則はもはや成り立たなくなるだろう. また第二の方法では, そもそも似た人のデータがあるのかといった問題や, 似ていても未来がまったく同じという保証はないといった問題がある. さらには, さいころの目のように, そもそも予測不可能な問題もある. このような理由により, 最新の理論や手法を用いたとしても, 予測は依然として困難なのである.

　この困難な未来予測を, 容易にする方法もある. 第一は, たった 1 つの未来を予測する代わりに, 未来の範囲を予測する方法である. 台風の予報円がそのわかりやすい例である. 給料の例でも「最大, 最小」の範囲ぐらいであれば, およその予測はできるかもしれない. スマートフォンなどでの文字入力の際に続きの予測結果として多数の候補が提示されるのも, この一種である. 第二は, 短期予測とする方法である. ずいぶん先の未来の予測は難しいが, 明日や 10 秒後ぐらいならば, 予測できる場合も増えるだろう. 他にも, 降水確率のように「特定の未来が起こる可能性」を確率で表すことも可能である.

d 未来以外を予測する ― 補間

　意外に思うかもしれないが, 小学校のときに習った「折れ線グラフ」も予測手法である. 図 1.4.4 の折れ線グラフからは, 10 歳のときの身長が 140 cm, 15 歳で 160 cm, 20 歳で 170 cm だったことがわかるだけでなく, 「13 歳のときは 152 cm ぐらいではないか」という予測もできる. 実際には 13 歳の身長は測っていないが, 10

[*1] なお, これは**線形回帰** (linear regression) と呼ばれる分析手法で, 直線は回帰直線と呼ばれる.

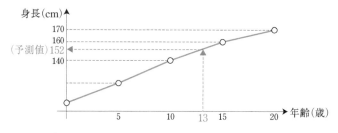

図1.4.4　折れ線グラフも補間による予測を行っている.

歳と15歳のときの身長を線でつないだことにより，その間の13歳の身長を予測できたことになる．このように，ただ点を表示するだけでなくわざわざ線で結んだのは，データの欠測部分に予測値を与えるためなのである．　この「間を予測する技術」は**補間**（interpolation）とも呼ばれる．このように，「未来」ではなく「間」を予測することも，重要なデータ解析の課題である．

➤ 1.4.3　さまざまなデータ解析 — グルーピングとクラスタリング

グルーピング（grouping）とは，その名の通り，多くのデータをグループに分ける方法である．グルーピングの結果から，データ全体の傾向を概観できる．たとえばある国の国民1人1人の年齢データを並べた表を見ても，あまりにデータが多すぎて，その年齢構造は把握できない．しかし，もし10代のデータ，20代のデータのように年代でグルーピングできれば，その国にどの年代の人々が多いか，一目瞭然となる．

グルーピングには，分けるべきグループがあらかじめ決まっている場合と，決まっていない場合がある．以下ではそれぞれについて見てみよう．

🔵 a グループがあらかじめ決まっている場合

グループがあらかじめ決まっている場合の例として，X大学の全学生を，麺類好き・肉好き・魚好きの3グループに分けることを考える．全学生に対してアンケートを行ったところ，各グループに全学生の50%，30%，20%が集まったとする．この結果から，X大学には麺類が好きな人が多いことがわかる．このように，グルーピングを行うことで，各グループの割合を見ることができ，全体の傾向を容易に把

握できる．上記のように人口を年代別に把握するのも同様である．

　階層的グルーピング（hierarchical grouping）が便利な場合もある[*2]．これはたとえば，麺・肉・魚のグループそれぞれを，麺={ ラーメン，うどん，そば }，肉={ 焼肉，とんかつ，ハンバーグ }，魚={ 刺身，焼き魚，煮魚 } のように細分化した状況である．さらにラーメン={ とんこつ，醤油，味噌 } のような細分化も可能である．

b グループがあらかじめ決まっていない場合 ー クラスタリング

　グループがあらかじめ決まっていない場合は，グループ自体を自動的に決めながら，事物それぞれをグループに分けていくことになる．その際に重要なのは，「データの**類似度**（similarity），すなわちデータがどれぐらい似ているかを用いて，似ているデータを同じグループに属させる」という考え方である．たとえば図 1.4.5 のように，生徒 100 人を「理系科目の成績と文系科目の成績」の傾向が似ている者を集めたグルーピングが実現できる．このようにあらかじめグループやその数を決めていなくても，「似ている程度」を頼りにグループを決めていくことができる．

　このように，「データ自身にグループを形成させる方法」を，専門用語では**クラスタリング**（clustering）と呼ぶ．**クラスター**（cluster）とはブドウの房のような「塊」を意味する．クラスタリングはきわめて有用である．いくつかの例を挙げてみよう．

● 「理系科目と文系科目の成績」が似ていることで「生徒」をグルーピング（図 1.4.5）
● 「カスタマー層」が似ていることで「企業」をグルーピング

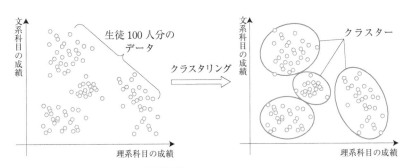

図 1.4.5　クラスタリング.

[*2] 膨大な単語をその意味でグルーピングした **WordNet** や，WordNet をベースに膨大な画像をグルーピングした **ImageNet** には，この階層的グルーピングが用いられている．

- 「産業構造」が似ていることで「国」をグルーピング
- 「味」が似ていることで「ラーメン」をグルーピング
- 「曲調」が似ていることで「音楽」をグルーピング

ビッグデータ（big data）を扱う場合，それらがどういう性質を持っているのか，すべてを見ていくことは難しい．しかしクラスタリングを行って，各グループの代表例だけを観察すれば，それら全データがおよそどのような種類で構成されているかを把握できる．

Memo クラスタリングの実際

　このようにクラスタリングは便利な方法であるが，考えなくてはならない点もいくつかある．第一に「何の類似度を見るか」である．ラーメンをグルーピングする場合，チャーシューの枚数，スープのダシ（豚骨とか醤油とか），こってり度合い，麺の細さなどさまざまな指標があり，それらすべてが似ているべきか，それらのうち1つだけでよいのかを，分析者が決めなくてはならない．これらの指標が違えば，グルーピングの結果も変わってくる．

　第二に「どれぐらい似ていれば似ているとするか」の判断基準である．「少しでも違えば似ていない」とするのであれば，グループ数は増えるだろう．逆に「相当違っていても大目に見る」とするのであれば，グループ数は減るだろう．この線引きについても，分析者が決める必要がある．なお，グループ数を事前に決めてしまうことで，この線引きを回避することもできる．しかし今度はグループ数を適切に決める必要が出てくる．

　これらのことが示すように，**クラスタリングには「絶対的な正解」が存在しない**ことが多い．いろいろと試行錯誤しつつ，見たかったものが見えるように，指標などを調整する必要がある．

➤ 1.4.4 さまざまなデータ解析 ― 発見

発見（discovery）とは，大規模なデータの中に潜む傾向を見つける方法である．過去の販売データから「商品Aを買う人は商品Bも買う」ということが発見できれば，Aの横にBも並べて陳列しておけば，売上が伸びるかもしれない．ネットショップ

(**電子商取引** (electronic commerce, EC))（1.1.2 項参照）でも，ユーザの購買履歴などに基づいた「おすすめ商品」が提示されることが多い．ここでは，発見の具体的な方法として，**相関分析** (correlation analysis) と**頻出パターン発見** (frequent pattern discovery)を紹介しよう[3]．

⦿ a 相関分析

相関 (correlation)とは，2 種類のデータ間の関係の強弱である．たとえば，身長データと体重データには，比較的強い相関がある．「身長が増えれば体重も増える」という関係があるからである．一方，社会人の身長データと年収データには相関はない．両者は無関係だからである．

図 1.4.6 に示すように，相関には「正の相関」「負の相関」「無相関」がある．正の相関とはデータ A が大きいとデータ B も大きくなりやすいケースであり，身長と体重が相当する．逆に，負の相関とは A が大きいと B は小さくなりやすいケースであり，たとえば「(ある野菜の) 出荷量」と「値段」が相当する．無相関は，先述の身長と年収が相当する．こうした性質はさまざまに応用可能である．たとえば，商品 A の購入の可能性と商品 B の購入の可能性の相関を調べた結果，正の相関があることがわかれば，先述の「A を買う人は，B も買いやすい」ということがいえる[4]．

相関には強弱があり，無相関が最も弱い相関である．強いほうは「強い正の相関」「強い負の相関」がある．たとえば，「A が大きいと『確実に』B は小さくなる」ようなデータ A,B は，強い負の相関を持つ．実際に相関の強弱は，**相関係数** (correlation

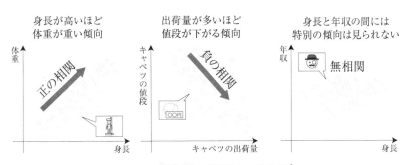

図 1.4.6 相関の 3 つのタイプ.

---

[3] 広い意味では，前項のクラスタリングや予測も発見に関する方法である．
[4] 同時に「A を買わない人は，B も買わない」ということもいえる．

coefficient）によって測ることができる．相関係数は，最も強い正の相関で 1，最も強い負の相関で -1，無相関で 0 の値をとる．

◉ b 疑似相関には気を付けよう

相関を利用してデータ分析をする際に，最も注意すべきなのは**疑似相関**（spurious correlation）である．たとえば，図 1.4.7(a) のように，小学生の「身長」と「算数の学力」には正の相関が見られる．しかし，それは単に高学年の子供のほうが身長が高く，また多くのことを学んでいるからにすぎない（同じ学年で見れば，「背が高いほど学力が高い」ということはないはずである）．このように，身長と学力の間に直接的な相関がないにもかかわらず，背後に共通した「学年」という要因があるために，相関があるように見えてしまう[*5]．最近でも，各国の「チョコレートの摂取量」と「ノーベル賞受賞数」には正の相関があるという記事があり，話題になった．これもチョコレートの成分が頭脳発達によいというよりは，背後に「チョコレートを日常的に食べられるような経済力を持った国であれば，研究費も潤沢」と考えるのが妥当だろう．

疑似相関については，悪用されるケースもあるので，注意すべきである．上の疑似相関を悪用して「ノーベル賞受賞数が実証！ チョコレートは頭脳発達に効く！」

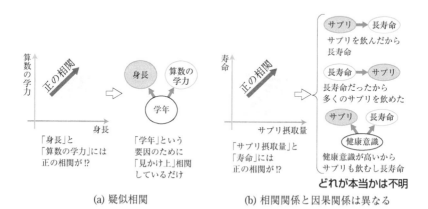

(a) 疑似相関　　　　(b) 相関関係と因果関係は異なる

図 1.4.7　相関分析で気をつけるべき点．(a) 疑似相関．(b) 相関があっても因果関係があるとは限らない．

[*5] 時間が要因となる疑似相関は特に多いので注意してほしい．「福岡市の人口」と「筆者の白髪の量」を過去 10 年間調査した結果は，正の相関を示すだろう．確かに，前者が多い（少ない）ときには後者も多い（少ない）．しかし実際には，それぞれ無関係に年々増加しているだけである．

という広告でチョコレートを売り込もうとする悪徳企業がいるかもしれない．特に，健康や医療については，人間の体に関する多数の要因が複雑に絡み合うため，相関だけではわからないことも多い．本当にチョコレートが頭脳発達に効くことを証明するためには，

1) 同じような（年齢，健康状態，食生活，住所，成長過程などが似ている）人々を集めて，それらをランダムに2群に分ける
2) 第一群はチョコレートを食べる，第二群は食べないという条件以外は，極力同じような状況で過ごしてもらう
3) 数年後に，2群の間で，頭脳に差が出るかどうかをテストする

という（非常に大変な）手順の実験を行う必要がある．要するにチョコレートを摂取以外の条件は極力同じにして，摂取効果を検証する必要がある．

● c 相関と因果関係は違う

また相関から**因果関係**（causality)を導くことも危険である（1.1.5 項参照）．因果関係とは「A という原因があったから B という結果が生じた」という関係である．上の「チョコレートが効く！」は疑似相関を因果関係のように解釈した（悪い）例である．さらに，相関関係があっても，そこからただちに因果関係があると結論づけるのは間違っている．体重と身長に正の相関があっても，「体重が増えた（原因）から身長が伸びた（結果）」とか，逆に「身長が伸びた（原因）から体重が増えた（結果)」というような因果関係を結論づけることはできない．あくまで「体重が重いと身長が高い」という傾向があるといっているだけで，原因と結果については何もいえないのである．これも悪用されやすい．図 1.4.7(b) のように，「あるサプリを飲んだ人と寿命には正の相関があった」としても，それだけでは「そのサプリ（原因)で，寿命が延びた（結果)」とはいえない．「長寿命だったからこそ（原因)，何年間もたくさんサプリを飲めた（結果)」という逆の因果関係もありうる．加えて，「健康意識の高い人だから，サプリも服用し，かつ長寿命になる」という疑似相関の可能性もある．因果関係を正しく把握するためには，**因果推論**（causal inference)という手法を使う必要がある（中室・津川 (2017))．

▶ d 頻出パターン発見

頻出パターン発見（frequent pattern discovery）とは，その名の通り，よく見かけるパターン（データの組）を見つける方法である．図 1.4.8 のように，商品 A,B,C,D を売っている店に，5 人の客が来て買い物をしたとする．この買い物データを見ると，「A と C は同時に購入されることが多い」，すなわち「A を買う人は C も買うことが多い」ことがわかる．よって A だけを買った人に C の購入もすすめてみると，買ってくれる可能性が高い．これは**バスケット分析**（market basket analysis）とも呼ばれる．

頻出パターン発見は，アンケート結果の解析にも利用できる．たとえば，3 つの質問からなるアンケートがあり，各質問には，「非常によい」「よい」「ふつう」「悪い」「非常に悪い」の 5 つの選択肢があるとする．これに対して，「(Q1, よい), (Q2, 悪い), (Q3, 非常によい)」のような回答を数多く集めておく．もしこの回答データの中に (Q1, よい) と (Q3, 非常によい) の組が頻出するならば，「Q1 に『よい』と答える人は，Q3 には『非常によい』と答えることが多い」といった発見が可能である．

頻出パターン発見は，2 データのみの関係を見る相関とは異なり，上の例の (A,B,C) のような 3 つ以上の商品の**組合せ**（combination）が頻出することもわかる．一方，商品数や購入者が非常に多くなり，データが大規模になると，目視で頻出パターンを見つけるのは不可能になる．そこで計算機に各組合せの出現回数を数え上げさせることになる．しかし，(A,B),(A,C),(A,D),...,(A,B,C,D) のような組合せの数は商品数が増えると爆発的に増えるので（**組合せ爆発**（combinatorial explosion）と呼ばれる），全部の組合せをすべてチェックするという単純なやり方では，計算機を用い

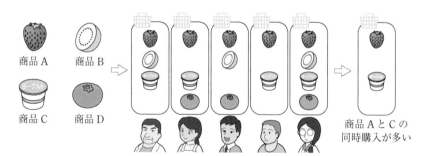

図 1.4.8　頻出パターン発見（バスケット分析）．

ても不可能になる．このため，工夫した**アルゴリズム**（algorithm）を用いて，効率的に各組合せの出現回数を求める必要がある．

▶ a　最適化

　最適化（optimization）はデータ解析や後述する機械学習と密接に関係する数学の一分野である．予測や発見と同様に，最適化も私たちが日常的に（無意識に）やっていることである．特に，**意思決定**（decision making）や選択のときに登場する．図 1.4.9 のように，レストランにやってきて，メニューを見て料理を決めるとき，最適化を行っているはずである．たとえば，「なるべく野菜をたくさん食べたい．ただし昨日食べたものと同じなのはダメで，500 円以下」といったことを（無意識に）考えながら決定しているのではないだろうか？ これは「ベスト（最適）な料理の決定」であり，まさに最適化の問題を解いているのである．

図 1.4.9　日常的にも行っている最適化とその三要素（制御変数，目的関数，制約条件）．

　詳細にいえば，最適化は**制御変数**（control variable），**目的関数**（objective function），**制約条件**（constraint）の三要素からなる．難しそうに聞こえるかもしれないが，制御変数＝選ぶ料理，目的関数＝料理中の野菜の量，制約条件＝ { メニューに載っている料理，昨日とは違うもの，500 円以内 } と対応している．みなさんの日々

の行動も，最適化の観点から見直してみると，興味深いだろう．実際，次の一歩の足の位置，野球のピッチング・バッティング，家に帰る道すじ，1日のスケジュール，ライフイベント（進学や就職，結婚）など，私たちの人生は最適化の連続である．

　データ解析における最適化の利用例として，既出のクラスタリングを考えてみよう．クラスタリングとはデータを似たものどおしでグルーピングする処理であった．今，10個のデータを2個のグループA,Bにクラスタリングする問題を考えると，制御変数が「各データをそれぞれどのグループに入れるか（すなわち制御変数は10個分ある）」，目的関数が「各グループに属するデータの似ている程度」，制約条件が「グループはA,Bの2通り」という最適化の問題になる．予測や頻出パターン，そして後述するパターン認識なども，実は最適化問題になる．

● b シミュレーション・データ同化

　シミュレーション（simulation）という言葉は，日常でもよく聞くのではないだろうか．和訳すれば「模倣」もしくは「模擬」である．避難訓練やいわゆる恋愛ゲームもシミュレーションの一種であるが，ここでは科学的目的のためにコンピュータを使って実際と似たような状況を作り出すものを考える．その用途は以下のように多様である．

- 過去に例のない大雨や大地震による被害を予想
- 天気予報のために数時間後の気圧配置を予想
- 人口密度とウイルスの拡散・消滅の関係を推定

このように，実際に起こらない状況や起こせない状況を観察できる点は，シミュレーションの強みである．

　データ解析とシミュレーションにはさまざまな関係がある．

- シミュレーションがデータ解析に役立つ場合がある．シミュレーションにより無尽蔵にデータが作れる．これは人工データであるが，もしシミュレーションが十分に正確なのであれば，実際のデータの代わりとして使えることになる．特に，大地震や心臓の一部破壊のように実データを集めることが不可能もしくは困難な場合には，シミュレーションで生成したデータは貴重である．
- 実データによりシミュレーションの妥当性を検証することもある．ある理論により作られたシミュレーションの結果が，実際のデータとどの程度合致しているか

を検証することで，間接的にその理論の妥当性を示すことができる．

- 実データがシミュレーションに役に立つ場合がある．実際の現象から得られた実データやその解析結果を利用することで，より高精度なシミュレーションを実現できる．特に，シミュレーションと実データのずれを補正することでシミュレーションの精度を改善する方法は**データ同化**（data assimilation）と呼ばれる．

➤ 1.4.6　非構造化データ処理

◉ a 非構造化データとは？

非構造化データ（unstructured data）は，その難しそうな名称と裏腹に，多くの人にとって最も身近なデータである．図 1.4.10(a) のように，私たちの身のまわりにある文章，画像，音がその代表例である．スマートフォンなどでこれらを便利に使えているのは，その背後にさまざまなデータ解析が行われているからである．ここではこれらの実例を見てみよう．

ところで，非構造化データがあれば，**構造化データ**（structured data）というのもある．簡単にいえば，図 1.4.10(b) のような表形式のデータを構造化データと呼ぶ．画像や文章などには，こうした表による表現を用いないので，非構造化データと呼ばれる．

	A 氏	B 氏	C 氏
身長	172	161	155
体重	67	56	52
腹囲	80	76	74
足長	26	25	23

(a)非構造化データ　　　　(b)構造化データ

図 1.4.10　(a) 非構造化データと (b) 構造化データ．

◉ b 自然言語処理

「あ」や「A」などの文字を並べると単語ができ，さらに単語を並べると「こんに

ちは，勉強，大変ですね」というような文ができる．SNS やインターネットでは，このような言語データが，日々，大量に生まれている．このような言語データをコンピュータに分析・理解させるのが，ここで述べる**自然言語処理**（natural language processing）である．

自然言語処理の最も簡単な例として，頻出単語がある．何らかの言語データの中で最も多く出てきた単語を見つける処理である．これができるとたとえば「本日，Twitter で最もつぶやかれた単語」がわかり，その日のトレンドがわかる．1.4.4 項 d で述べた頻出パターン発見を使えば，さらにいろいろなことがわかるだろう．

また身近な自然言語処理の課題としては翻訳がある．対訳データ（例：「あなたが好きです」と "I love you" のように同じ意味の文をペアにしたデータ）を大量に準備し，そこに潜む法則を自動抽出して用いることで，さまざまな文に対する翻訳が可能になる．

他の主な自然言語処理の課題としては，以下のようなものがある．

- **検索**（search）：ある単語や文に関連する文章情報をインターネットなどから探す
- **要約**（summarization）：長い文章を，内容を損なわない程度に短くする
- **対話**（dialogue）：チャットボットのように会話したり，質問に回答する
- **校正**（text-proofing）：よりよい文章になるような書き換えを提案する
- **トピックモデル**（topic modeling）：その文章が，たとえばスポーツ関係なのか，政治関係なのかを分析する

また，最近の言語処理の興味深い課題には，以下のようなものもある．

- **分散表現**（distributed representation）：各単語や文を，その意味に応じて数値化する方法である．これにより，たとえば，king − man + woman = queen のような，言葉の計算ができるようになる．
- **パラフレーズ解析**（paraphrase analysis）：たとえば，「私はお腹がすいた」と「何か食べるものがほしい」は，言葉の並び方としてはまったく異なるが，それらの意図は同じである．こういう 2 文をパラフレーズという．パラフレーズ解析では，与えられた 2 文がパラフレーズであるか判断したり，ある文とパラフレーズになるような文を自動生成することが課題となる．
- **センチメント解析**（sentiment analysis）：文章に潜む感情を推測する課題である．たとえば「こんなに汚れがとれる洗剤，今までに見たことがない」という文章が

与えられた際，それが「ポジティブ（肯定的）」なのか「ネガティブ（否定的）」なのかを当てる（「ない」という否定的な言葉で終わっているものの，内容は肯定的である）．

- **文章生成**（text generation）：小説のような文章や，俳句[*6] を自動的に作らせるという試みである．

▶ c 画像/動画処理

画像というあまりにありふれたものを「データ」として見ることはあまりないかもしれない．しかし，図 1.4.11 のように，画像は画素（ピクセル）が並んだものであり，その画素には「明るさ」や「色」といった数値が対応しているために，やはり数値データとなる．たとえば，同図の 1 枚の $1{,}280 \times 960$ 画素の画像は，各画素の色が 3 つの数値（赤，青，緑の 3 色の明るさ）で表されることを考えれば，$1{,}280 \times 960 \times 3 \approx 370$ 万個の数値からなる非常に大きなデータになる[*7]．デジタルカメラやスマートフォンでシャッターを押した瞬間に，この 370 万個の数値からなるデータが生成されていることになる．こうした画像データが，たとえば Instagram では毎日 1 億枚がアップロードされているといわれている．

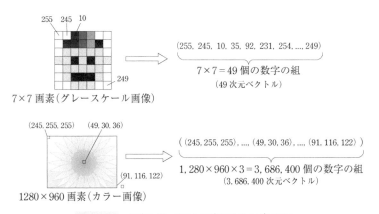

図 1.4.11　画像もデータとして考えることができる．

[*6] 「小坊主が 寝に来て桜 咲きにけり」「日の本の 桜も見えず 一つ星」．これはいずれも人工知能が桜の画像を見て詠んだ俳句である（米田ら（2018））．なお，できた俳句や文章を「面白い」と評価するのは，依然として人間独自の機能である．

[*7] n 個の数字の組は，n 次元ベクトルと呼ばれる．したがって，この画像は約 370 万次元ベクトルとして表現されるデータとなる．

　動画は，いわゆる「パラパラ漫画」と同じで，1 秒間にたとえば 30 枚程度の画像が表示されている．したがって，もし各画像が 1,280 × 960 画素ならば，1 時間すなわち 3,600 秒の動画には，単純計算で 370 万 × 30 × 3,600 = 3.98 × 10^{11} 個と，約4,000 億個もの数値が必要になる．実際には**画像圧縮**（image compression）を使ってより少ないデータ量で動画像を表現することになるが，それでも膨大なデータであることには変わりはない．こうした動画が，YouTube だけでも毎分 500 時間分もアップロードされているといわれている．

　こうした画像データを用いた解析も，機械学習（主に深層ニューラルネットワーク）により急速に進化している．その中でも**画像認識**（image recognition）は最も有名な課題である．これは，画像の中に写っているものが犬か猫か人の顔かを当てる技術である．人間にとってはまったく無意識に行っているこうした認識も，何十年もの間，コンピュータにとって非常に困難であった．しかし，深層ニューラルネットワークおよびその学習に利用するためのデータが大量に集まってきた 2010 年以降，劇的な精度改善が見られている．2015 年には，（特定の条件下ではあるが）コンピュータのほうが人間よりも認識精度が高いという結果も得られた．また，2016 年には YOLO9000 という画像認識技術が登場し，コンピュータが 9,000 種類もの物体を区別できることが示された．9,000 種類もあれば，単なる「犬」ではなく「シベリアンハスキー」や「ジャーマンシェパード」のレベルまで区別できる．もちろん，こうした詳細な区別ができるようになった背景には，「この犬の画像はジャーマンシェパード」という正解のついたデータが十分に準備されたことが大きい．認識技術については，1.4.8 項で再び述べる．

　コンピュータビジョン（computer vision）に関する技術も多数提案されている．コンピュータビジョンとは人間の視覚機能のコンピュータによる実現を目指した分野である．たとえば，人間は 2 つの眼から入ってくる 2 つの画像を使って立体視をしている．これと同じようなことを，コンピュータを使って，2 枚もしくはそれ以上の画像，場合によっては 1 枚の画像から立体視を行う技術は，3 次元形状復元と呼ばれる．この技術により，たとえば，自分の顔写真の一部を動物の鼻に置き換えるアプリケーションが実現している[*8]．また画像の中に写っているものを追い続ける技術は物体追跡もしくはトラッキングと呼ばれる．

　以上の画像認識技術やコンピュータビジョンを用いた画像処理は，**自動運転車**

[*8] 顔の向きに合わせて動物の鼻の向きも変わっているということは，顔の立体的形状が推定できているためである．

(self-driving car, autonomous vehicle) やドローン, 無人販売店舗, 工場や農作物の**画像監視**（video surveillance）, **医用画像診断**（medical image diagnosis)など, さまざまな分野で利用されている. 医療や監視がそうであるように, 私たちの仕事やさまざまな活動は目を使って行うことが多い. そうした分野において, コンピュータによる画像処理が, 人間の見落としを減らし, また判断を助けるような時代が来ている. そしてデータがさらに集まることで, その精度はさらに向上し, さらに「頼りになる」相棒になるだろう.

以上とは別に, データを用いた**画像生成**（image generation)の技術も進んでいる. 最近で最も有名なのは DeepFake と呼ばれる技術で, 動画中の A 氏の顔を, 表情や口の動きを含めて, まったく別の B 氏の顔に変えることができる. この背後にも, **敵対的生成ネットワーク**（generative adversarial network, GAN）や**自己符号化器**（autoencoder)などの機械学習が利用されている. DeepFake による生成画像があまりに自然で, 本当に B 氏の動画のように見えるために, さまざまな偽造・ねつ造動画が作られ, 社会問題にすらなっている. 証拠写真という言葉があるように, 画像は真実を写すものとして長年扱われてきた. しかし, DeepFake だけでなく, 顔のレタッチアプリ（美肌モードやデカ目アプリ）などの進化により, もはや画像を素直に信じられなくなっているのも事実である. もちろん, 画像生成がきわめて有効に使われている場合もある. たとえば昔の白黒映像から自動的にカラー映像を生成したり, ラフなスケッチから自動的に絵を完成させたり, 小さくて見づらい画像を大きく拡大するような技術も提案されている. これらももちろん多くのデータを使って実現されている.

最後に**画像圧縮**（image compression)について紹介しよう. すでに述べたように, 画像データは非常に大きくなりやすい. 特に画素が多くなればそれは深刻な問題となる. この問題を解決するのが, 圧縮技術である. 多くの人が, 知らずにこの画像圧縮のお世話になっている. デジカメ写真, ビデオカメラ, ネット動画, テレビ（地上デジタル放送）, DVD/Blu-ray で見る動画などのデータは, すべてこれら圧縮技術を使って圧縮伝送されている. 静止画（動画でない 1 枚の画像）の圧縮には **JPEG** が, 動画の圧縮には **MPEG** が一般的に利用されている. これらは, 「圧縮した結果, 元の画像には戻らない」圧縮方式, すなわち**非可逆圧縮**（lossy compression)の一種である. 元に戻らないとはいえ, リンゴの画像がミカンの画像になるようなことはなく, 画面がわずかに劣化する程度である. 古いネット動画などを見ると, 時々画面がモザイク状になることがある. あれは圧縮による劣化が顕著に出ているため

である．完全に元に戻る**可逆圧縮**（lossless compression）もあるが，劣化を許さないために大幅な圧縮は不可能であり，特殊用途を除き，利用されることは少ない．

▶ d 音声/音楽処理

　画像と同様に，コンピュータにとっては「音」もデータである．「音は波である」ということを聞いたことがあるかもしれない．時々刻々と変わる音の波の高さを数値で表せば，ある音は，その長さに応じた数のデータで表される．ストリーミングで音楽を聴く場合も，時々刻々とデータがコンピュータにダウンロードされ，そのデータをもとに音を再現していることになる．

　データ解析の対象としての音は大きく3つに分けられる．人間の声である**音声**（speech），**音楽**（music），そして雑音や騒音，生活音などの一般的な**環境音**である．それぞれに応じて解析の内容も変わってくる．以下に各対象の解析内容の例を挙げる．

- 音声：**音声認識**（speech recognition）（何としゃべっているかを理解するもので，スマートスピーカーで利用されている），話者認識（誰がしゃべっているかを推定する），感情認識（声の様子から感情を推定する），声質変換（別の人の声に変える），音声強調（より聞きやすい音声にする），**音声合成**（speech synthesis）（文を音声に変換する．たとえば「おはよう」という文字列を読み上げる），音声翻訳（ある言語の音声を，別の言語に翻訳して発話する）．
- 音楽：楽曲分析（たとえば，鳴っている音楽に対して，そのコード進行やメロディーラインを推定したり，リズムを推定する），自動作曲および作曲支援，音響分析（たとえば，ボーカルだけを取り出したり，消したりする），音楽認識（街中で流れている音楽や鼻歌が，どの楽曲であるかを推定する），楽曲推薦（特定の楽曲と似た印象の楽曲を見つけて提示する）．
- 環境音：環境音認識（街中騒音や生活音が何の音かを推定する），音源分離（複数の音が一度に鳴っているときに，音源別に音を分ける），音源同定（どこから鳴っている音かを推定する），異常音検出（いつもと違う音に気づく．たとえばエンジン音の異常など）．

　画像と同様に，音の圧縮技術も進んでいる．電話で音声を送る場合は，波形をそのまま送るとデータ量が多いために，データ量が少なくなるようにした後に送る．

受け手ではその圧縮されたデータから元の音を復元して聞くことになる．もちろん，途中でデータを圧縮したとしても，なるべく元に近い音であることが望ましい．古くは有線電話の時代からこうした圧縮が行われてきた．MP3 プレイヤーという用語を聞いたことがある人もいるかもしれないが，MP3 とは音の圧縮方式の 1 つである．スマートフォンなどでの通話品質の向上にも，圧縮方式の進化が貢献している．

➤ 1.4.7　データ可視化

データの**可視化**（visualization）とは，多くのデータを整理して，見やすい形式で提示するものである．データが数値で与えられる場合，大量のデータを数値群として眺めてみても，それらに潜む傾向（たとえば，どのような値のデータが多いかなど）はわかりにくい．たとえば，ある小学校の 6 年生全員の身長をリストとして見せられても，即座に傾向を見出すのは困難だろう．しかし，身長を 5 cm ごとに区切り，各範囲（たとえば 150〜155 cm）に何人の小学生がいるかをカウントし，その結果を**棒グラフ**（bar chart）として表せば，最も高い棒の範囲に最も生徒が多いといったことが，見ただけですぐにわかる．このように，データを範囲に分けて，各範囲のデータ数を棒グラフ表示したものは**ヒストグラム**（histogram）と呼ばれ，データ可視化の代表的なものの 1 つである（2.1.2 項参照）．ここでは，このデータ可視化のさまざまな形式を概観する．

● a　グラフ

棒グラフや**折れ線グラフ**（line chart）は，可視化の最も基本的な道具である．横軸に生徒を並べ，縦軸に各生徒の試験の点数を並べた棒グラフを作れば，成績の良い生徒と悪い生徒をすぐに見つけることができるだろう．さらに図 1.4.12 左のように，各棒を科目ごとに別の色をつければ，「数学の点数は良いが，物理の点数が悪い」など，より多くのことがわかる棒グラフができる．これは**積み上げグラフ**（stacked bar chart）と呼ばれる．

折れ線グラフと棒グラフは，用途に応じて使い分ける必要がある．特に注意すべきは，折れ線グラフが使えない場合である．たとえば，各国の人口の棒グラフを，棒の上部を結んでそのまま折れ線グラフにするのは間違っている．一方，「毎月 1 日を横軸，その日の最高気温を縦軸」として作った折れ線グラフは正しい．今，5 月 1 日

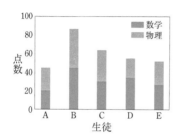 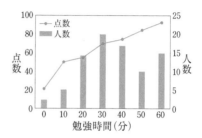

図 1.4.12　積み上げグラフ（左）と複合グラフ（右）.

が 24 ℃, 6 月 1 日が 28 ℃だったとすると, 折れ線であれば, その間を線で結ぶことになる. これは, 1.4.2 項 d で述べた補間を行っていることを意味し, たとえば「5 月 15 日の最高気温はおよそ 26 ℃だった」ことを予測できる. 各国をアルファベット順で並べて隣接国（たとえば Jamaica と Japan）間の人口を折れ線で結んでも, その間の国というのは存在しないので, 折れ線で結ぶべきではない.

　棒グラフと折れ線グラフを組み合わせたものは**複合グラフ**（combo chart）と呼ばれる. 図 1.4.12 右にその例を示す. 多くの場合, 棒グラフと折れ線グラフの横軸は同じで, 縦軸の意味が異なる. このため, それぞれのために異なる縦軸を左右に表示することがある. これは **2 軸グラフ**（chart with two y-axes）と呼ばれる.

▶ b　多次元の可視化

　データ解析においては, (身長, 体重) のように, 数値の組で各データを表すことが多い. 組になっている数値の個数を, **次元**（dimensionality）と呼ぶ[*9]. (身長, 体重) のデータであれば, 2 次元データということになる. 今, ある学年全員の (身長, 体重) データのリストがあったとする. 人数が多ければ, リストを見ても傾向はわからないだろう. こうした 2 次元データは, **散布図**（scatter plot）による可視化が有効である. 図 1.4.13 のように, 各データを体重と身長の 2 軸でできた平面上の 1 点として表現すれば, 100 人分の (身長, 体重) データは, 100 個の点となって表現される. 点が集まっているところは, よくある (身長, 体重) の組合せとして理解できる. 逆に孤立した点は, 珍しい (身長, 体重) であろう. このような数多くのデータ

[*9]「次元」という言葉から, 1 次元は点, 2 次元は面, 3 次元は空間, 4 次元は… というような連想をする人もいるかもしれない. データ解析では, そうした物理的な意味は考えず, 単に何個の数値の組合せであるかを「次元」と呼ぶ.

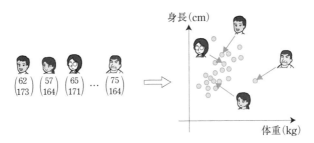

図 1.4.13　体重と身長からなる 2 次元データの散布図の例.

の広がりは**分布**（distribution）と呼ばれ，それを可視化して観察することで，相関などの把握が可能になる.

　データが (身長, 体重, 腹囲) のように 3 次元になると，散布図での表現は難しくなる. 3 本の軸を描いてそこに点をおいて可視化することもできるが，可視化結果は 2 次元の紙や画面の上なので，完全に表現できているわけではない [*10]. 3 次元以上のデータの可視化の対処法は主に次の 3 つである.

- 3 つ以上であっても，たとえば (身長, 体重)，(体重, 腹囲)，(身長, 腹囲) のように 2 つずつに分けて考えれば，それぞれで散布図を作成できる. こうしてできた複数の散布図は，**散布図行列**（scatter plot matrix）と呼ばれる. データの分布をいろいろな方向から眺めたことに相当する（2.1.9 項参照）.
- 図 1.4.14 のように，横方向に次元，縦軸に値をとって，折れ線グラフを書けば，1 つのデータを 1 つの折れ線グラフで表現できる. これを**平行座標プロット**（parallel coordinates plots）と呼ぶ. 3 次元以上のデータでも完全に表現できるというメリットがある. しかし，数多くのデータがあると，それだけ折れ線が重なるので見づらくなる. なお，この折れ線には，折れ線グラフと異なり，2 点を補間するという意味はない.
- データの完全な表現はあきらめ，データ間の近い・遠いが「なるべく」保たれるような位置に点をおいた 2 次元の散布図を作るという方法がある. 高次元データ群の位置関係を，無理やり 2 次元に押し潰すような形式である. 代表的な方法として，**主成分分析**（principal component analysis），**多次元尺度構成法**（multidimensional scaling），**t 分布型確率的近傍埋め込み法**（t-distributed stochastic

---

[*10] たとえば，3 次元データとしては大きく違ったものでも，可視化結果では近くに見えてしまうかもしれない. 宇宙空間で遠く離れた 2 つの星が天球上では近くに見えてしまうのと似ている.

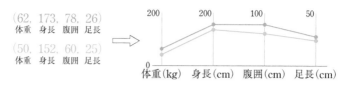

図1.4.14 平行座標プロットによる4次元データの可視化例. 1つのデータに対して1つの折れ線ができる.

neighbor embedding, t-SNE）がある. いずれも難しそうな名称だが, 簡単に使えるソフトウエア（ライブラリ）も多数準備されている.

c 関係性の可視化

世の中の事物の間にはさまざまな**関係性**（relationship)がある.「空手クラブ34人のメンバーの中には, 互いに仲のよい人もそうでない人もいる（グループ内の交流関係)」「A駅はB駅の隣だが, C駅は違う（鉄道駅の隣接関係)」「Aさんは数学は得意だが, 国語は苦手である（生徒と科目の得意・不得意関係)」「貨物ステーションAからBへは多くの荷物が運ばれるが, Cに行く場合にはDを経由する（流通関係)」などがその例である.

こうした関係性を可視化する場合は, **ネットワーク**（network)による可視化が用いられる. 図1.4.15は, ある空手クラブの仲良し関係をネットワークで可視化した例である. まず34個の点を準備する. 各点はクラブのメンバーの1人に対応する. 次に仲のよい2人に対応する2点間に線を引けば, このようなネットワークができあがる. 鉄道路線図も, 駅を点, 隣接駅を線で結んでできたネットワークである. なお, 点のことを**節点**（node), 線のことを**辺**（edge)と呼ぶ.

できあがったネットワークからさまざまなことがわかる. たとえば, ある節点からは多くの辺が出ている場合, その節点は他のさまざまな節点と関係しているので, 重要といえる. たとえば図1.4.15からは, 0番のメンバーが空手クラブの中心的人物の1人であることがわかる. 鉄道ネットワークであれば「多くの路線が集まる重要な乗換駅」ということになる. このような節点のことを**ハブ**（hub)と呼ぶ. 他にも, ネットワークの節点を2つのグループに分けたところ, 2グループ間をつなぐ辺が1つもなかった場合, これら2グループ間は無関係であることがわかる. また「ある辺が切れると新たなグループができる」ことがわかれば, その辺はハブのように非常に重要な役割を持つ. たとえば電柱を節点, 電線を辺とした電力網におい

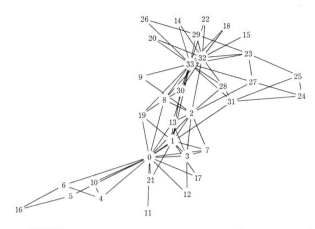

図 1.4.15　ネットワークによる可視化．空手クラブ所属の 34 人の仲良し関係を可視化．

て，そうした辺があると，その電線が切れることで，大規模な停電が起こる可能性がある．

> **Memo**　スモールワールド
>
> 　ネットワークの興味深い例を紹介しよう．世界中の人々の知り合い関係でネットワークを作ったとする．各人が節点であり，もし 2 人が知り合いであれば辺で結ぶ．世界には 77 億人いるので，77 億個の節点からなる超巨大ネットワークになる．みなさんも 1 つの節点である．さてここで，みなさんの「憧れの人」がある国にいるとする．その人もやはり節点である．このとき，みなさんからその憧れの人まで，何人（いくつの節点）を経由すれば到達できるだろうか？　要するに「知り合いの知り合いの知り合いを使って，憧れの人に近づいていく」ときに，知り合いを何人介せばたどり着くだろうか？　1967 年の実験では，わずか 6 人という結果が出た．この実験（インターネットもない時代なので，知り合いの調査はきわめて小規模）にはいろいろ批判もあったが，その後 2011 年に Facebook の友達関係で調べても平均 4.74 人でつながることがわかった．意外と憧れの人は近いのである．このように「世間は狭い」ことを**スモールワールド**（small world）と呼ぶ．その背後には，ハブとなる人が重要な役割を担っている．

◯ d その他の可視化

可視化に関しては，他にも応用によってさまざまなバリエーションがある．

- **地図上の可視化**（geospatial visualization）：たとえば世界地図の国々を，その国の人口数で色分け（たとえば赤いほど多い）すると，人口の多い国の地域が一目瞭然となる．こうした可視化はさまざまに応用可能である．もちろん日本地図でも星座の地図でもよい．また，実際の地図でなくてもよい．たとえば，1.4.7 項 c で述べた鉄道路線ネットワークを一種の地図と見なし，各駅に対応する節点をその駅の乗降者数に応じて色分けするような可視化も可能である．

- **挙動・軌跡の可視化**：物事の「動き」を可視化することも多い．地図上で，人々や車などが動いた経路を可視化すると，人流・交通流がわかる．これを**軌跡**（trajectory）の可視化という．最近では，渡り鳥やウミガメにセンサをつけてどのように世界を移動しているかを可視化する**バイオロギング**（bio-logging）と呼ばれる研究も盛んになっている．またスポーツ選手の関節位置の動きを可視化することで，選手間の動きの違いを把握できる．

- **リアルタイム可視化**（real-time visualization）：「今の状況を目で見て理解する」可視化は，リアルタイム可視化と呼ばれる．現在の道路渋滞状況や，降雨量・落雷数を地図上に表すのはその典型例である．

➤ 1.4.8 パターン認識技術

◯ a 身近な「パターン認識」

パターン認識（pattern recognition）とは，各データを自動的に**分類**（classification）する手法である．この分類先のことを，パターン認識においては**クラス**（class）と呼ぶ．たとえば，風邪の診断は一種のパターン認識であり，各患者をその体調データ（体温や咳の回数など）に基づき「風邪をひいている」「風邪をひいていない」の2つのクラスに自動分類することになる．また，監視カメラの画像をデータとして，状況を正常/異常の2クラスに自動分類できれば，監視員の負担を軽減できるだろう．パターン認識によるこうした自動分類は，人間の代わりにコンピュータに判断をゆだねることができるため，自動運転などの**自動化技術**（automation）にはなく

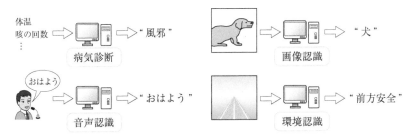

図 1.4.16 さまざまなパターン認識技術.

てはならないものである.

パターン認識は，医師のような専門家だけでなく，幼児ですらやっていることである．幼児が，目の前にいる動物を指さして「ワンワン！」といったとする．目で見た画像が何であるかを「犬」クラスに認識しているのである．認識という言葉やその原理を知らなくても，幼児はそれを実現している．1.4.6 項 c で述べたように，1枚の画像は実は膨大な数の数値が並んだデータとして考えられる．したがって，幼児はそのデータを即座に認識して「ワンワン！」といっているのである.

認識対象は，図 1.4.16 に示すようにさまざまである．風邪や画像以外にも，音声（しゃべった言葉を「おはよう」や「また明日」などに認識），環境（周囲が安全か危険かの認識や，自分が椅子に座っているのか立っているのかの分類など）など，さまざまなものがある．特に，画像を対象としたパターン認識は**画像認識**（image recognition），音声を対象としたものは**音声認識**（speech recognition）と呼ばれる.街を歩いていても，自動車を運転していても，授業を聞いていても，ラーメンを食べていても，目や耳などの五感センサから入ってくるデータに対してさまざまな認識を行いつつ，人間は暮らしている．今この文字を読んでいるみなさんも，各文字が何の文字かを無意識のうちに認識している.

❯ b パターン認識の現状

1966 年，人工知能研究者のミンスキーが，大学生への夏休みの宿題として，画像中に写った物体の認識という課題を出したことが，コンピュータによる画像認識の始まりといわれている．夏休みの宿題ぐらい簡単と思われていたことになる．その後 50 年近くもの間，膨大な研究が行われてきたが，コンピュータによる画像認識は人間の性能には遠く及ばない状況であった．すなわち幼児の「ワンワン！」すら実

現できない状況であった.

しかし, 2010年代になり, **深層ニューラルネットワーク**(deep neural network, DNN), そして大量の画像データとコンピュータの高性能化により, 画像認識技術の性能が一気に向上し, 1.4.6項cで述べたように, ある条件下では人間以上の認識精度が出せるようになった. 最近では, 医用画像診断において医師以上の精度を出すケースも出ている. 音声認識においても, ニューラルネットワークの利用による性能向上が著しく, スマートスピーカーなど, 日常的に使われるレベルとなっている.

なお深層ニューラルネットワーク自体は, 1979年頃には存在し, 福島邦彦によりネオコグニトロンという名称で発表されていた. しかし当時は, 現在に比べるとデータもきわめて少量でコンピュータも非力であったため, 手書き数字認識などに試験的に利用されるに留まっていた.

最近では, 深層ニューラルネットワークのソフトウエア(ライブラリ)やデータの**オープン化**(open source, open data)が進み, 数十万円程度のコンピュータがあればさまざまな認識システムを作れるようになってきた. 2019年には情報・システム研究機構の人文学オープンデータ共同利用センターが中心となって, 日本の古文書に見られる「くずし字」の認識精度を競うコンペティションが開かれた. 上位2位は, 海外からの参加者(中国とロシア)であった. すなわち, くずし字に関する知識どころか, 日本語に関する知識もほとんど皆無の方々であった. このように, 専門知識がなくても, データさえあれば高精度なパターン認識装置を実現できる時代が来ている.

▶ c 基本的なパターン認識手法 — 最近傍法

パターン認識の基本的な方法は,「認識すべきデータについて, 自分がすでに知っているデータ(クラスがわかっているデータ)のうち, 最も似ているものを探す」というものであり, **最近傍法**(nearest neighbor method)と呼ばれる. 図1.4.17にその概要を示す.「近傍」というのは「近いもの」という意味なので, 要するに「最も近いもの」で認識する方法ということになる.

「似ている」ことを「近い」と呼ぶことに若干違和感を覚えるかもしれない. しかし, 画像も数値データであることを思い出せば,「数値が近い」=「各画素の色などが似ている」=「クラスとして似ている」ということが理解できるだろう. ただし, 実際に「どれぐらい数値が近ければ似ているとするか」については, 決まった

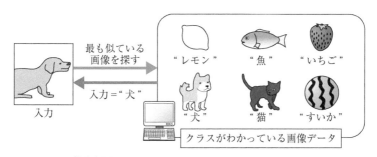

図 1.4.17　最近傍法によるパターン認識（画像認識）.

ルールがあるわけではなく，結局私たちが決めるしかない．グルーピング（クラスタリング）と同様に，指標が変わればグループが変わることになる．

Memo　さまざまなパターン認識手法

　パターン認識手法には，最近傍法以外にも，さまざまなものがある．たとえば統計的パターン認識法，識別関数法，決定木などがあり，また先に述べている深層ニューラルネットワークのような手法もある．それぞれの詳細は割愛するが，いずれもパターン認識というゴールは同じなので，まったく違う方法というよりは，「自分の知っている事例の中で似たものに認識する」という基本的考え方を，いろいろな角度から実現したものといえる．

　他には，**ルールベース**（rule-based classification）の認識手法がある．これはその名前の通り，事前に作ったルールに従って認識する方法である．動物画像認識ならば，「目が赤くて，耳が長ければ，ウサギ」というようなルールを数多く作っておき，ルールに合致する動物をウサギと認識する．

➤ 1.4.9　人工知能

◎ a 特化型 AI と汎用 AI

　人工知能（artificial intelligence，AI）とは，その名の通り，知能を人工的に（コンピュータ上で）作ったものである．ところが知能と一言にいってもさまざまである．予測や発見，認識（分類）も，私たち人間がやることなので，知能の一種であ

ろう．他にも，数学の問題を解いたり文章を翻訳するのも知能であり，ラーメンを
うまいと思ったり，将棋などのゲームをしたり，音楽を聴いて感動したり，ジョー
クを聞いて笑ったりするのも，やはり知能であろう．したがって，1人の人間が持
つ知能と同じような AI を作ろうとすれば，これらすべてをカバーする必要がある．

　いきなりさまざまな知能を持つ AI を作るのは難しそうなので，まずは特定の知能
だけを人工的に実現することが始まった．これは**特化型人工知能**（artificial narrow
intelligence，特化型 AI）と呼ばれる．現在応用されている AI のほとんどすべては
この特化型 AI である．たとえば，天気の予測 AI や将棋 AI，画像認識 AI，対話 AI
（チャットボット），翻訳 AI などがそれに当たる．本節で紹介したようなデータ解
析や機械学習で実現されて利用されている AI も特化型 AI である．

　特化型 AI が本当に知能なのかという批判が古くからある．その批判の代表例が，
図 1.4.18 に示す**中国語の部屋**（Chinese room）と呼ばれる思考実験である．A 氏が
外から中が見えない部屋に入っている．A 氏は中国語はまったく読めない．しかし
「このような漢字文が来たら，こう返答しろ」というルールが書かれた本だけ持っ
ている．このとき，B 氏がこの部屋に中国語の文を入れると，A 氏はそのルールに
従って「正しく」返答する．そうすると，B 氏にとっては，部屋にいる A 氏が中国
語に堪能のように見える．しかし，A 氏は中国語に関する知能はまったく持ってい
ないのである．特化型 AI も，大量の事例をコンピュータに記憶させてそれを頼り
に推論などを行っているだけであり，コンピュータ自体は知能を持っていないとい
える[11]．このため特化型 AI のことを**弱い人工知能**（weak AI，弱い AI）と呼ぶこ
ともある．

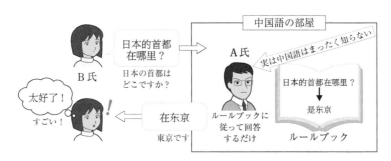

図 1.4.18　「中国語の部屋」．特化型 AI はこれと同様であり真の知能でないと批判される．

---

[11] 中国語の部屋は 1980 年に哲学者のサールによって提起された．現在であれば，「問題を出されたと
　　き，とりあえずインターネットを検索して，出てきたサイトに書いてあることをコピーして返答する」

> **Memo** **ELIZA**
>
> 　弱い AI どころか「人工無能」と呼ばれるシステムもあった．これは，ELIZA（イ
> ライザ）と呼ばれる 1960 年代に開発された対話 AI（チャットボットの元祖）である．
> こちらが何かいうとそれに対して返答してくれる．ルールは非常に単純であり，こち
> らが「〇〇だ」というと，「なぜ〇〇というの？」「いつから〇〇なの？」など，こち
> らの発言の一部を用いて曖昧な返答をするだけである[*12]．現在のチャットボットは
> 格段の進化を遂げており，もはや人工無能とはいいづらいが，やはり知能を用いて返
> 答しているのではなく，原理的には蓄積した事例をもとに返事を生成しているだけの
> 弱い AI である．

　弱い AI ではなく，**強い人工知能**（strong AI，強い AI）を目指した研究もなされ
ている．強い AI とは，**汎用人工知能**（artificial general intelligence，汎用 AI）と
も呼ばれ，私たち人間が日常的にやっているようなより柔軟で幅広くさまざまな知
能を実現できる AI を指す．ただし現状では，「どんな AI が強い AI なのか」すら
（研究者全員が納得のいく）定義ができていないため，試行錯誤の段階にある．

　このように「知能とは何か？」という論争は昔からあり，1950 年には**チューリン
グテスト**（Turing test）という考え方が数学者のチューリングにより提唱された．こ
れは「A 氏が壁の向こうと対話して，壁の向こうが人間かコンピュータかわからな
ければ，そのコンピュータは知能を持っている」と考えるものである．中国語の部
屋は，このチューリングテストに対する批判でもある．すなわちチューリングテス
トをパスしても，それは真の知能ではないといっている．とはいえ，このテストに
パスすることすら難しく，ELIZA をはじめとして数多くのチャレンジが繰り広げら
れてきた．一方，最近のチャットボットはビジネスレベルでも利用できるほど対話
が自然になっており，「特定製品に関する対話」などの限定的な条件下では，このテ
ストをパスできるものも多いと考えられる．今後さらに進化すると「SNS 上で親友
になった人が，実はコンピュータ上のチャットボットだった」という時代が来るの
かもしれない．

　という感じだろうか．もちろん，この回答者は，検索とコピーしか知らないので，問題そのものに関
　する知能は持っていない．
[*12] なお，ルールに乗らない文章が来たときには，「先ほど〇〇といいましたよね？」と適当に話題を変
　えることがある．

▶ b AIとビッグデータ

ビッグデータ（big data)とは，その名前の通り大規模なデータである（1.1.1 項参照）．機械学習で画像認識や自動翻訳などの AI を作る場合，ビッグデータの存在が非常に重要である．たとえば，画像認識ならばデータを事例として用いるので，犬の画像データが多ければ多いほど，多様な犬についても間違えずに「犬」と認識できるだろう．翻訳についても対訳データが多いほど，より正確な翻訳ができるだろう．

最近の AI の主流である深層ニューラルネットワークの学習には，特にビッグデータが必要である．深層ニューラルネットワークによる AI が高性能な理由を一言でいえば，「調整する『つまみ』が膨大にあるので，それら『つまみ』すべてを適切に調整することで，さまざまな状況に対応できる AI が実現できる」となる[13]．しかし，大量の「つまみ」を調整するためには，実はそれに見合った数の事例（データ）が必要になる．このため，深層ニューラルネットワークの学習には膨大な数のデータが必要になる．たとえば ImageNet という画像データセットには，1,000 クラスを認識する深層ニューラルネットワークのために，120 万枚の画像が準備されている．これは，個人で集めるのは困難な分量である．

さらに単にデータを集めただけでは不十分である．1.4.8 項 c で述べたように，画像認識ならば，各画像に対して，それが犬なのか猫なのかといったクラス情報を人手で付与する必要がある．翻訳も，単に各国の文章を集めるだけでなく，「こういう文章は，こう翻訳する」というペア（対訳）を人手で準備する必要がある．このように，AI にとってビッグデータを集めることが重要である反面，実際に集めるためには，膨大な手間がかかってしまう．

この手間を解決する方法に**クラウドソーシング**（crowd sourcing)がある．手間自体は変わらないが，それを 1 人で抱え込むのではなく，世界中の人々に手伝ってもらう，という考え方である．ImageNet のデータセット（1,000 クラス分では 120 万画像だが，すべての約 20,000 クラスでは 1,400 万画像となる）については，1 人だと不眠不休で 19 年かかるところを，25,000 人の協力により，2 年弱で全画像にクラス情報を与えることができたと報告されている．

---

[13] 直感的な説明のために「つまみ」という用語を用いたが，正式にはパラメータと呼ばれる数値のことである．

▶ c 今の AI でできることとできないこと

時々「AI は万能」のような報道を耳にする．少なくとも現状では，この報道は誤りである．1.4.9 項 a で述べたように，現在利用されている AI は特化型であり，できることは特定用途に限られている．また，汎用 AI は研究途上である．したがって，これからもさまざまな特化型 AI が開発され，私たちの暮らしを豊かにしてくれたとしても，私たち人類を代替するような状況がしばらく来ることはないだろう．

ところで，特化型 AI ですら，人間と同程度の性能に依然いたっていないケースが多い．深層ニューラルネットワークは，数多くの事例（データ）から，そこに潜む傾向を把握している．このことは，事例から遠いこと，すなわち「習っていない」ことについては，きわめて融通が利かないことを意味する．別の言い方をすれば，私たち人類がその生活で体得してきた「常識がない」のである．私たちは目で文字を読める．最近の画像認識 AI（すなわち特化型 AI の 1 つ）ならば，1.4.8 項で用いたパターン認識技術を使えば，文字を読むことができる．ここで，図 1.4.19 のように，文字 'A' の画像にノイズを混ぜてみる．私たちは「ノイズは余計なもので無視すべき」という常識を持っているので 'A' と読める．しかし AI は簡単に誤認識してしまう．このように AI を誤認識させるべくノイズを加えた入力例は**敵対的事例**（adversarial example）と呼ばれ，AI の脆弱性を示すものとして広く研究されている．中にはわずか 1 画素だけにノイズを与えるだけで誤認識を引き起こすという報告もある（Su ら（2018））．

また特化型 AI の**フレーム問題**（frame problem）も解決されていない．図 1.4.20 の例を用いて説明する．今 AI を搭載したロボットがあり，命令すれば，机の上の物品を自分のところまで運んでくれるとする．このロボットに「机の上の書類を持っ

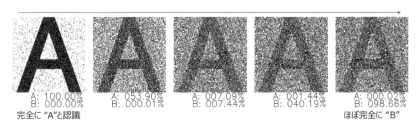

図 1.4.19 　AI がノイズを加えた 'A' を 'B' と誤認識してしまう例．

図 1.4.20　フレーム問題の例.

てきて」と命令したとする．ロボットは机の上の書類を見つけ，運ぼうとするだろ
う．ところが，この書類の上には運悪く飲みかけのジュースの缶が置いてあったと
する．人間ならば，まずジュースの缶をつかみ，それを別のところに置いてから，書
類をつかんで運んで来るだろう．しかしこのロボットに与えられた命令は「書類を
持ってこい」だけなので，忠実にそれを実行し，結果的にこぼれたジュースで濡れ
た書類を持ってくることになるだろう．このように，AI が特定の範囲のことしか考
えられない状況をフレーム問題と呼ぶ．

　今の AI のもう 1 つの限界は，判断理由の正確な説明ができないことである．深層
ニューラルネットワークは，適切な条件で用いれば非常に高精度であり，画像認識
などで高い精度を与えている．しかし，「なぜこの画像を猫と認識したのか？」とい
う判断理由の解釈が難しい．このため，最近の AI は「中の見えない箱」，いわゆる
ブラックボックスと呼ばれることもある．このため，世界中の研究者が，**説明可能
な AI**（eXplainable-AI）の研究（3.1.7 項参照）を行っているのが現状である[*14]．

　本節では，データ解析や AI に関する説明を通して，「予測は本質的に難しい」「グ
ルーピングには絶対的基準がなく，利用者自身が基準を定める必要がある」「パター
ン認識にも，似ているか否かに関する絶対的基準はない」と述べた．どれも心細い
話である．もしもみなさんが，「データ解析や AI は数学に基づいているので，非常
に高度でさまざまな問題が解けて，絶対的な正しさがあり，信頼性が高く，誰が解
いても同じ答えが求まる」と考えていたとすれば，それは少し違っている．いずれ
も適用限界があり，また結局は人間が基準を定めなくてはならない．端的にいえば，
万能な手法は存在しない．各手法の長所短所を理解し，適切に調整しつつ，利用す

[*14] 深層ニューラルネットワークではなく，別の手法を用いれば，判断理由が明らかにできる場合もある．
たとえば，1.4.8 項 c で述べた最近傍法を用いてシンプルに画像認識を行えば，「画像 X がクラス A
に認識された理由はクラス A の事例が X に似ているため」ということがただちにわかる．ただし最
近傍法がわかりやすくても，一般には深層ニューラルネットワークのほうが高精度というジレンマが
ある．

る必要がある．難しそうに思うかもしれない．しかし，私たち人間自身は，数学の得意・不得意にかかわらず，データ解析・AI 的処理を無意識に行いながら日々生きている，ということを再度強調しておきたい．

参 考 文 献 ···

中室牧子・津川雄介 (2017)，「原因と結果」の経済学，ダイヤモンド社．
米田航紀・横山想一郎・山下倫央・川村秀憲 (2018)，LSTM を用いた俳句自動生成器の開発，2018 年度人工知能学会全国大会論文誌．
Su, J., Vargas, D. V. and Sakurai, K.(2019), One Pixel Attack for Fooling DeepNeural Networks, IEEE Transactions on Evolutionary Computation, 23(5), pp.828-841.

➤ 1.4 節　練習問題

1.4.1　予測を困難にする原因について最も不適切なものを選べ．

① さいころの目のように，そもそも予測不可能な現象も存在するため．
② これまでとこれからで状況が異なり，これまでのデータで得た法則が未来に適用できない場合があるため．
③ 最新の予測理論は数学的に高度すぎるため．
④ 予測に必要なデータを集めることが難しい場合があるため．

1.4.2　予測の方法について正しくないものを 1 つ選べ．

① ランダムな数を用いれば高精度に予測できる．
② 過去の似たようなデータを用いる予測法がある．
③ 過去のデータから法則が見つかれば，それを積極的に使って予測する．
④ 予測結果を 1 つに確定することが難しければ，予測候補を複数提示したり，範囲を予測してもよい．

1.4.3　クラスタリングについて正しくないものを 1 つ選べ．

① クラスタリングは，「このようなグループが存在する」という仮定をしない，グルーピングの方法である．
② クラスタリングの「クラス」とは class のことであり，さまざまな階級

のグループが存在することを意味する.

③ クラスタリングの基本的な考え方は,似たデータを同じグループに入れることである.

④ 生徒を成績の類似度でグルーピングすることもクラスタリングの1つである.

1.4.4 クラスタリングの結果からわからないことを1つ選べ.

① 各グループ間でどれぐらい同じデータが重複しているかから,グループ間の類似度がわかる.

② 各グループの代表データを見ることで,すべてのデータを見なくても,データ全体の多様性を観察できる.

③ 各グループに含まれるデータの数から,どのようなタイプのデータが多いか・少ないかが概観できる.

④ できたグループの数から,データ全体の多様性がわかる.

1.4.5 以下の2種類のデータについて正の相関を「持たない」と予想されるものを1つ選べ.

① かつ丼の重さとカロリー
② 勉強時間とテストの成績
③ 年収と所得税
④ 年間平均気温と降雪量

1.4.6 隣接するA市とB市について,両市の年度ごとの人口に正の相関があることがわかった.このことから「確実にいえる」ことを以下から1つ選べ.

① これは疑似相関であり,両市には何の関係もない.
② A市の人口が増えすぎたのでB市に人口が流出した.
③ A市とB市は隣接しているので,同じように人口が増加している.
④ 正の相関がある以上のことは何も断言できない.

1.4.7 身のまわりの最適化問題を挙げ,その制御変数,目的関数,制約条件が何であるかを述べよ.

1.4.8 以下の中でシミュレーションする意義が最も少ないものを選べ.

① さまざまな降水量に対する浸水地域
② 県外移動を制約した場合の感染者数の推移
③ 特定箇所を工事した場合の渋滞状況
④ 大規模な表計算の結果

1.4.9 言語や画像，音声などのデータについて正しくないものを 1 つ選べ.

① コンピュータで処理されるデータになると，いずれも数値で表現される.
② AI による自動生成が検討されている.
③ JPEG とは画像圧縮技術の 1 つである.
④ 「明日は晴れだ」と「永遠に晴れだ」はパラフレーズである.

1.4.10 言語や画像，音声などのデータについて正しくないものを 1 つ選べ.

① 音には「音声」「音楽」「環境音」などさまざまな種類がある.
② 言語の翻訳は，深層ニューラルネットワークにより高精度化された.
③ すでに「この文章は面白い」と考える AI が完成している.
④ 立体視はコンピュータビジョンの課題の 1 つである.

1.4.11 ある小学校の 6 年生 200 人の身長と体重を測ったデータがある．その可視化に最も適した方法を選べ.

① 棒グラフ
② 散布図
③ 折れ線グラフ
④ 円グラフ

1.4.12 関係性の可視化について，正しくないものを 1 つ選べ.

① 関係性の可視化に利用されるネットワークとは深層ニューラルネットワークのことである.
② ハブの存在を明らかにすることもネットワーク可視化の意義の 1 つである.
③ 関係を明らかにしたい事物が増えると，それだけネットワークが大きくなる.
④ ネットワークは，節点と辺で構成される.

1.4.13 パターン認識について，正しくないものを1つ選べ．

① 人間も普段から無意識にパターン認識を行っている．
② 見たことのないクラスのデータも認識できる．
③ パターン認識にはさまざまな方法がある．
④ 深層ニューラルネットワークにより，認識性能が向上した．

1.4.14 次の中で，パターン認識ではないものを1つ選べ．

① 動物の画像を見て，その動物種を答える．
② 話している言葉を聞いて，発話内容を文章化する．
③ 音楽の自動演奏を行う．
④ 顔を見て，表情を理解する．

1.4.15 特化型 AI の性質について正しくないものを1つ選べ．

① 知能を持つ AI として，数式により証明されている．
② さまざまな問題を解くことはできない．
③ 弱い AI と呼ばれる．
④ チャットボットを実現する AI は，特化型 AI といってよい．

1.4.16 現在の人工知能にとって最も容易なものを選べ．

① 大量データで高精度を達成する．
② 判断理由を明快に説明する．
③ フレーム問題を解決する．
④ 人間と同様，さまざまな問題を解く．

{ 1.5 }

データ・AI活用の現場

 キーワード データサイエンスのサイクル（課題抽出と定式化，データの取得・管理・加工，探索的データ解析，データ解析と推論，結果の共有・伝達，課題解決に向けた提案），流通，製造，金融，サービス，インフラ，公共，ヘルスケア等におけるデータ・AI 利活用事例紹介

　本節では，データ・AI を活用することによって，どのような価値が生まれ，そのような価値を生むために何に気をつけるべきかを考える．

➤ 1.5.1 データ分析による意思決定

　ここでは，データ分析の最終的な目的は，人間による意思決定を支援することにあると考える．私たちは日々意思決定を行っている．個人として，「今日の夕食に何を食べようか」というような身近な意思決定も，「この人と結婚しよう」という人生を決めるような大きな意思決定もある．同様に，組織も意思決定を行う．たとえば，「社員を採用する」「新しい商品を企画する」「そのターゲットユーザや価格を決定する」などはいずれも，組織の存続にかかわる重要な意思決定である．

　ビジネスにおける意思決定はどのように行われるのだろうか．伝統的には **HIPPO**（Highest-Paid Person's Opinions, 最も給与の高い人の意見）が重みを持つといわれていた．すなわちいろいろな分野の専門家，会社でいえば経営の専門家である経営者の意見が尊重される．アップルのスティーブ・ジョブズのように，経営者の直感がすぐれた製品やサービスを生んだ例には枚挙にいとまがない．しかし，給与が高いからといって，必ずしも常に合理的な意思決定ができるとは限らない．自分が気に入っている製品の売上を高く見積もったり，記憶に新しい災害のリスクを実際より高く見積もったり，人にはさまざまな認知バイアス[1] があるからである．

---

[1] 人間の思考において表されるバイアス．自分の知っている知識に合う証拠を重視する確証バイアス，直近の出来事に左右される近接バイアスなどがある．

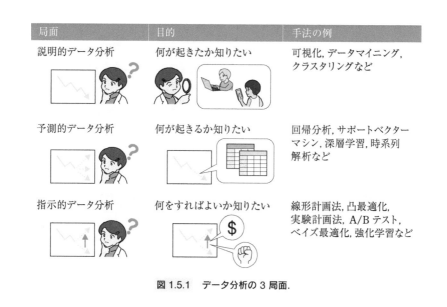

図 1.5.1　データ分析の 3 局面.

　最近になって，データに基づく意思決定が重視されるようになってきた背景には，情報技術の発展によってより大量・多様なデータが得られるようになり，またその分析ツールが身近に得られることもあるが，第一義的には，組織の上位者による主観的な意思決定ではなく，より客観的・合理的な意思決定が組織の合目的性・効率性を上げることがよく知られるようになったからである．米国メジャーリーグのオークランド・アスレチックスは万年下位のチームだったが，プロのスカウトの意見を気にとめずに，**セイバーメトリクス**（SABR metrics）と呼ばれる統計データなどに基づいて選手をスカウトし，他チームが同様の方法を採用するまでの数年間，黄金時代を築いた．イアン・エアーズは著書『その数学が戦略を決める』の中で「直感や経験に基づく専門技能がデータ分析に次々に負けているのだ」と述べている．

　それでは，意思決定に役立つデータ分析にはどのようなものがあるだろうか．シンシナティ大学のジェームズ・エバンスは，データ分析の局面を descriptive （説明的），predictive （予測的），prescriptive （指示的）の 3 つに分類している（図1.5.1）．

　説明的データ分析（descriptive data analysis）とは，「何が起きたか（または起きているか）」を知ることで，意思決定につなげるものである．順調にユーザを増やしていた自社の目玉サービスの売上が急に減少したとする．何が起きたのだろう

か．ユーザの増加が止まったのだろうか．退会ユーザが増えたのだろうか．それとも，ユーザ数は減らなくてもユーザあたりの単価が下がったのだろうか．ユーザの構成の変化に年齢・地域などによる違いはないだろうか．このような場合「何が起きたか」がわかれば，多くの場合その原因を特定でき，対策が打てる．説明的データ分析に使われるテクニックは，データの可視化，データマイニング，クラスタリングなどである．

予測的データ分析（predictive data analysis）とは，「何が起きるか」を予測することで，意思決定につなげるものである．製品の売上予測が立てば，それに基づいて生産計画を作ることができる．工場の機械の故障を予測できれば，その予測に基づいて事前に部品を交換することで，故障による生産の中断を最小にすることができる．未来を予測することは本質的に難しい．したがって，予測的データ分析でできることは「手に入る情報の下での合理的な予測」にすぎない．新型コロナウイルスの感染拡大が大きな問題になっていた 2020 年 4 月に，厚生労働省クラスター（感染者集団）対策班のメンバーである西浦博は，何も対策を施さなければ約 42 万人が死亡する可能性がある，という予測モデルを示した．このモデルは，後に起きることを正確に予測することを目的としたものではない．あくまでも可能性のあるシナリオの 1 つを示すことによって，政策における意思決定を支援することを目指したものである．ここで使われたのは，感染症流行の数理モデルとして一般的に使われる SIR モデルという数式に，新型コロナウイルスのそれまでの経験から知られているパラメータ値と，国内でそれまでに観測された感染者数のデータを適用したものであった．

　このように予測的データ分析は，意思決定のための予測モデルを作るが，その予測結果は現実に起きることと大きく乖離するのが一般的である．多くの場合，予測モデルの示す予測に基づいて意思決定した結果，その予測モデルの前提が崩れるからである．機械の故障予測に基づいて部品を交換すれば，おそらくその機械は故障しないですむだろう（図 1.5.2）．その結果，「機械が故障する」という予測は外れることになる[*2]．このように多くの場合，予測的データ分析は，未来を正確に予測するために行うのではない．未来に対するシナリオを提示し，より合理的な意思決定の材料を提供するために行うのである．予測的データ分析でよく用いられる手法とし

[*2] このような場合，故障の予測のうち何回かに 1 回をランダムに選んで介入しないようにすれば，予測モデルの精度を求めることができる．

図 1.5.2　予測はなぜ当たらないのか.

ては，**回帰分析**（regression analysis）[*3] などの統計モデリング，**サポートベクターマシン**（support vector machine）[*4] などの**統計的機械学習**（statistical machine learning），**時系列解析**（time series analysis）[*5]，近年急速に注目を浴びている**深層学習**（deep learning）[*6]，さらには各ドメインにおけるさまざまな数理モデルなどがある.

　指示的データ分析（prescriptive data analysis）は，予測的データ分析で得られたシナリオのうちどれを選択すれば最善かを教えてくれるものである．シナリオが少数であれば問題ないが，調整できる変数が多い場合には，その組合せ数が爆発し，どれを選べばよいかが自明でないかもしれない．このような場合に「何をすればベストか」を解析するのが指示的データ分析である．「何をすればベストか」を示す指標を**効用関数**（utility function）と呼ぶ.

　典型的な問題として，製造プロセスの最適化問題がある（図 1.5.3）．いくつかの種類の原材料を投入して複数の製品を作る工場があったとする．それぞれの原材料をどの程度仕入れられるかがわかった場合に，効用関数，たとえば売上を最大にするためには，どの製品をどれくらい生産すればよいだろうか．もちろん，単価の高い製品を多く生産したいのだが，投入した原材料を効率よく消費するには，そうでない製品も作らなければならないかもしれない．また，工場の設備によって，ある

[*3] 説明変数・目的変数の双方が量的変数である場合の統計モデリング．線形の関係を仮定する線形回帰が代表的である.

[*4] 2 値分類問題において入力空間を分割する際，訓練データセット中の各点からの距離（マージン）が最大になるような超平面を求める手法．非線形な超平面を得るためにカーネル関数を使うことがよくあり，この手法は**カーネルトリック**（kernel trick）と呼ばれる.

[*5] 時間とともに変動する現象を解析する手法．経済やマーケティングなど社会の時系列はサンプルとなる系列が 1 本しか得られないことが多く，そのためにモデル化が難しい.

[*6] ニューラルネットワークの理論は 1950 年代から知られていたが，2010 年代に入って計算機の進歩とそれに伴うデータ量の増加によって，深い層のニューラルネットワークが実用的になってきた．これを深層学習という．画像認識や音声認識などの分野では，すでに人の認識能力を超える場面も現れてきている.

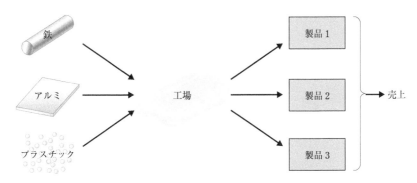

売上を最大にするにはそれぞれの製品を何個作ればよいだろうか？

図 1.5.3　最適化.

製品を生産できる上限が決まっているかもしれない．このような問題は多くの場合，
線形計画問題（linear programming problem）として定式化でき，数万のパラメー
タや制約式が与えられても効率よく解けることが知られている．また，問題空間が
線形でなくても，凸空間として近似できれば**凸最適化問題**（convex optimization
problem）として解くことができる[*7]．効用関数の形が数理的に知られていない場合
の最適化問題は**ブラックボックス最適化**（blackbox optimization）と呼ばれ，**実験
計画法**（design of experiments）[*8]や **A/B テスト**（A/B testing）[*9]などが知られ
ているが，最近では，**強化学習**（reinforcement learning）や**ベイズ最適化**（Bayesian
optimization）[*10]などの手法が急速に進歩している．

　ある特定の意思決定の問題が与えられたとき，データ分析に関する図1.5.1の3つ
の局面は，入れ子になって繰り返し現れることがあることに注意してほしい．「新し
いサービスの投入によって売上を増大させたい」という目的があった場合に，まず

[*7] 3 次元空間における球のように，空間中の任意の 2 点を結ぶ線上のすべての点が，その空間に含まれ
　　るときに，その空間を凸空間と呼ぶ．凸空間上での最適化問題は凸最適化問題と呼ばれ，実用的な近
　　似解法が知られている．
[*8] 実験を行う際に，設定可能なパラメータが複数ある場合に，それらのすべての組合せの実験を行うの
　　ではなく，いくつかの値の組合せによって実験回数を減らす手法．日本の製造業での品質や生産性の
　　向上のために広く用いられている．
[*9] 因果関係を調べるために，制御変数の値をランダムに A 値・B 値と割り当て，その結果を測定する
　　手法．ウェブページに表示する広告バナーとして何を表示すればより高い確率でクリックされるかな
　　ど，マーケティング分野で広く使われている．
[*10] 「効用関数全体の形がわかっていないが特定の値に対する効用関数の値は個別にわかる」という最適
　　化問題において，効用関数を確率分布と捉え，それぞれの試行ごとにベイズの定理で効用関数の確率
　　分布を更新していく最適化手法．比較的低次元の問題空間に適している．

行うのは現在のビジネスの分析であり，それは説明的データ分析になるだろう．それに基づいて仮説を作り，予測モデルを作る．その予測モデルを用いて指示的データ分析を行い，その結果をまた説明的データ分析によって解析する，というようなサイクルが自然に現れる．大事なことは，今現在問題になっている局面が何かを意識して，適切な方法論・ツールを用いることである．

　ここまで統計的にデータを分析することや，数理モデルで予測することによって，意思決定を支援する方法について述べた．このようなデータ分析に基づく意思決定においては，いかに人間の持つ認知バイアスを排除するかが重要である．先にも述べたように，人の意思決定は，さまざまな認知バイアスによって影響されうる．データや数理モデルの設計にも人の持つ思い込みなどに基づくバイアスが含まれている可能性がある．データ分析を意思決定に用いる場合には，どこにバイアスが潜んでいるかを常に意識しながら，意思決定者にデータ分析の結果を伝えることが重要である．

➤ 1.5.2　情報技術による自動化

　人工知能という言葉は文脈によってさまざまな意味に捉えられ，その結果多くの混乱を招いている．2021 年現在，狭くいえば人工知能とは，ここ 10 年あまり急速に進化した統計的機械学習，特に深層学習の技術を指している．一方で，人工知能を「人のような知能」として捉える議論も散見する[*11]．「人のような知能」は**強い人工知能**（strong artificial intelligence）あるいは**汎用人工知能**（artificial general intelligence，汎用 AI）と呼ばれるが，そのような技術は，私たちが 2021 年現在持っている技術の延長上にはない．いずれは可能になるかもしれないが，それにいたる道筋が見えていないという意味では，汎用人工知能は錬金術やタイムマシンと同列の技術と考えることができる．

　ここでは，より議論を明確化するために，「情報技術に基づく自動化」を広く人工知能と捉える．「自動」という言葉は「手動」の対義語であり，自動化とは「人が行っていたことを機械で置き換える」ことを指す．産業革命以来，人が行う肉体的作業の多くは機械によって置き換えられてきた．今では，自動化の主眼は人が行う知的作業を置き換えることにある．その意味で，このような自動化を「人工知能」と呼

[*11] たとえば，総務省未来デザインチームによる未来シナリオ「新時代家族〜分断のはざまをつなぐ新たなキズナ〜」では，「アイコ」という擬人化された人工知能が登場する．

ぶことには一定の意味があるといえるだろう．

　ビジネスにおいて，自動化を行う目的は何だろうか．60 年以上にわたる情報技術の歴史を見ると，自動化に 2 つの段階があることがわかる．

　その 1 つは**デジタル化**（digitization）と呼ぶもので，既存のビジネスプロセスを自動化することで効率化するものである．例として，アマゾン・ドット・コムの例を考えてみよう．アマゾンのビジネスは（少なくとも当初は），商品を仕入れて販売するという小売業をデジタル化するものであった．小売店において消費者が来店し，商品を選び，支払いをするというプロセスを，ウェブ上で自動化することによって，物理的な店舗や店員という小売業における主要なコスト要素を排除することができる．このコスト構造の変化によって，アマゾンは小売業において大きな競争力を得ることができた．

　2 つ目は，自動化によって初めて可能になるビジネスを追求するもので，**デジタルトランスフォーメーション**（digital transformation, DX）と呼ばれる．再びアマゾンの例で考えてみよう．通常の小売店では，よく売れる商品を仕入れて売るというのが鉄則である．限られた売り場面積を，回転率の低い商品で埋めておくのは無駄だからだ．しかし，よく売れる商品というものは粗利が小さい商品になりがちである．よく売れる商品は，他の小売店でも売っている可能性が高く，結果として価格競争になるからである．

　一方，ウェブ上での仮想店舗になれば，売り場面積という物理的制限は存在しない．アマゾンはビジネス規模が大きくなるにつれ，ロボットによって自動化された巨大な倉庫に大量かつ多品種の在庫を抱えることが可能になってきた．倉庫が巨大になっても，物理的な店舗に陳列されているわけではないので，商品種に制限はない．消費者は検索技術を使って目当ての商品を簡単に見つけることができる．また，そのような商品は他店では買えないために，価格競争になりにくく，高い粗利を得ることができる．このようなビジネスを**ロングテールビジネス**（long-tail business）と呼ぶ（図 1.5.4）．これは，検索技術と倉庫の自動化技術によって初めて可能になったビジネスモデルであり，デジタルトランスフォーメーションの典型といってよい．

　自動化で用いられる技術としては，人の認知能力を置き換える**画像認識**（image recognition）や**音声認識**（speech recognition）のような認識技術，倉庫におけるロボットを制御したり自動運転を行ったりする制御技術，コールセンターのオペレータを置き換える対話技術などがある．これらの多くは，深層学習など高度なデータ分析技術を応用したものである．

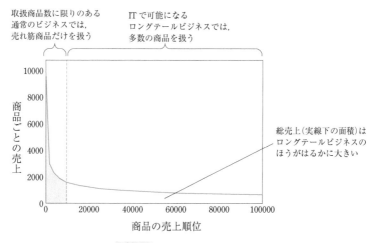

図 1.5.4　ロングテールビジネス.

　データ分析はいくつかのステップを試行錯誤しながら実施していくことが多い．データ分析プロセスを整理したフレームワークの1つが，**CRISP-DM** であり，データ分析を図 1.5.5 に示す 6 つのステップに分けて考える．

　例として，ある製造工程において，製品の歩留まりを予測することを考えよう．この製造工程では，原材料のばらつき，製品の設計，気温や気圧などの環境要因，製造機械のさまざまな設定によって，製品の歩留まりが大きくばらつくことが知られている．製造工程の性質上，ある程度の不良品が出ることは避けられないので，歩留まりを見込んで実際の注文数よりも多い製品を製造することにしている．この超過製造数は，担当者の勘と経験に基づいて決められているが，これをデータ分析に置き換えることで，超過製造数を最小にしたい．幸い，この工程は過去 10 年間にわたって稼働していて，さまざまな条件下での歩留まりのデータが得られている．

　最初に行うことは**ビジネス理解**（business understanding）であり，何のためにデータ分析を行うかを明確にしておくことが何よりも重要である（**課題抽出と定式化**）．この例の場合，データ分析の目的は明確で「製造工程における歩留まりを予測すること」である．この際，同時に**ベースライン**（baseline）と**最大改善率**（maximum improvement rate）を明らかにしておくことも重要だ．ベースラインとは，現状の

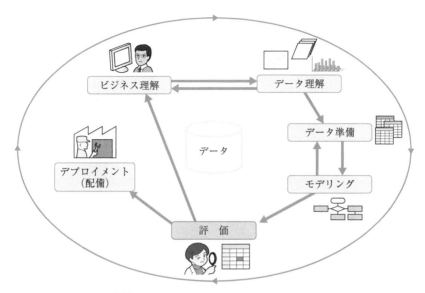

図 1.5.5　CRISP-DM によるデータ分析プロセス.

「勘と経験による予測精度」である. データ分析による予測精度が, ベースラインを上回らないようであれば, データ分析をやる意味がない. 一方, データ分析によって完璧な予測ができた場合に, どれだけのコスト削減効果が得られるかも見込んでおく必要がある. これが最大改善率で, データ分析を行った結果得られる効果の上限を見積もるものである. データ分析を行うコストが, 最大改善率を上回るのであれば, そもそもデータ分析を行うべきではない.

　ビジネス理解の次のステップが, **データ理解**（data understanding）である. 歩留まり予測の例では, 過去の生産におけるデータが得られているが, それらはデータベースの表にまとめられた構造化データだろうか. それとも報告書や写真のような非構造化データだろうか. 構造化データの場合, どのようなデータ項目（変数）からなっているだろうか. データ取得の範囲はいつからいつまでだろうか. どのような製品の種類をカバーしているだろうか. データの欠測値や外れ値はどれほどだろうか. データはセンサによって機械的に収集されたものだろうか. それとも現場の作業者によって目視と手作業で収集されたものだろうか.

　製造現場の人が「データはあります」といった場合に, それがそのまま目標とするデータ分析に使えると考えてはならない. データがすでにあるということは, 何か

別の目的で収集されたものであるからだ．データが捉える現実の姿は，常に「データ収集の目的」というレンズで見たものである．それが別の目的に使えるとは限らない．したがって，必ず，新たな目的を考えながらデータ分析者の眼で，データを理解することが必要である．できれば，データが生成される製造現場を実際に見学するのがよい．製造現場の人が当たり前だと思って説明しなかったことが，いくつも見つかるはずだ．

　ビジネスとデータが理解できたら，いよいよデータ分析の作業に入る（**データの取得・管理・加工**）．まずは**データ準備**（data preparation）である．この時点で，想定する予測モデルの説明変数は何か，従属変数[*12]は何かがおおよそ想定できるはずなので，それにあわせてデータの整形を行う．もし必要なデータが不足している場合には，新たなデータの取得も考慮する（特に機械学習の場合などには，人手による正解データの付与，すなわちアノテーションが必要な場合がある）．また，欠測値や外れ値の処理も考える．加えて，データ準備の段階で，評価用のデータセットを取り分けておくことを忘れてはならない．

　準備したデータを用いて実際に予測モデルを作るステップが**モデリング**（modeling）である．予測モデルの作成にはさまざまな手法があり，それぞれ一長一短がある．モデリングの際には，どれかの手法に決め打ちすることなく，さまざまな手法を試してみるのがよい．そのためには，データの準備から評価にいたる流れを自動化しておき，どの手法，どのデータセットでどの結果が出たかを記録・管理できるようにしておくことが肝要である．

　評価（evaluation）に関する考え方は，プロジェクトの開始時に考えておくのがよい．特に大事なことは「予測モデルの評価に使うデータは，その予測モデルの訓練に使ってはならない」ということである．評価に使うデータセットを事前に知っていれば，極端な話，100％の精度を持つモデルは簡単に作ることができる．評価用データセットをデータベースに格納しておいて，それを参照して答えを出せばよいからである．評価用データが，モデルの訓練に混入されるということは，試験問題を事前に知って勉強をするようなもので，公正な評価にならない．

　評価により，できあがった予測モデルが，ベースラインより十分に性能がよいものであると判断されれば，いよいよその予測モデルを使った予測（**推論**とも呼ぶ）を実際のビジネスプロセスに**デプロイメント**（deployment，配備）をすることにな

[*12] 予測の対象となる変数．

る．実は，多くのデータ分析プロジェクトで，このステップが一番難しいとされている．新たな予測モデルを使ってもらうためには，確かにその予測モデルが役立つ結果を出すことを納得してもらい（**結果の共有・伝達**），それに基づいた**課題解決に向けた提案**，すなわち現行ビジネスプロセスの変更を，現場の人々に受け入れてもらう必要があるからである．

　以上，データ分析のステップを紹介したが，これらのステップは順番に行われるものではない．データ分析は多くの場合探索的な活動であり，ビジネスの理解とデータの理解が並行に行われたり，データ準備とモデリングが繰り返し反復されたりする（**探索的データ解析**とも呼ばれる）．あるステップを完璧に終えてから次のステップに行くのではなく，柔軟に後戻りできるようにしておくことが肝要である．

➤ 1.5.4　組織的考慮点

　ある経営課題を解決するためにデータ分析や情報技術を用いた自動化が必要であったとき，そのプロジェクトを社内のリソース（人材）で実施するのか，外部ベンダー[*13] に任せるべきだろうか．

　仕様が明確な単発のデータ分析を行うとき，あるいは既存のビジネスプロセスの一部をデジタル化するときなどは，外部ベンダーに委託するので構わない．一方，高度に探索的なデータ分析や，自動化によって新たなビジネスモデルを創出（デジタルトランスフォーメーション）する場合は，社内に専門組織を作ることが望ましい．このようなプロジェクトにおいては，多くの試行錯誤が発生し，その都度外部ベンダーと契約を結ぶのは，無駄な作業が多く発生し，機敏にプロジェクトを遂行できないからである[*14]．また，デジタルトランスフォーメーションにおいては，そこで使われる技術・ノウハウが企業の競争力の源泉になることもある．そのようなノウハウを，外部のベンダーに掌握されていることは望ましいことではない．国内大企業のデジタルトランスフォーメーションを支援している及川卓也によれば，デジタルトランスフォーメーションとは，戦略 IT の「手のうち化」だという．最近では多くの会社が CDO（チーフ・デジタル・オフィサー）あるいは CDXO（チー

[*13] たとえばデータ分析を専門とするコンサルティング会社や，システムの委託開発を行うシステムインテグレータ．
[*14] データ分析や機械学習を用いたシステム構築の委託契約については，経済産業省がまとめた「AI・データの利用に関する契約ガイドライン」がある．

フ・デジタルトランスフォーメーション・オフィサー）を頂点とする専門組織を立ち上げている．

　社内に専門組織を作ることが困難であれば，専門能力の高いベンダーに出資する，あるいはそのようなベンダーと合弁事業（ジョイント・ベンチャー）を設立するなど戦略的な提携を行うことも考えられる．このようにして，事業を行う者と，データ分析やシステム開発を行う者の利害が対立しないようにすることが重要である（図1.5.6）.

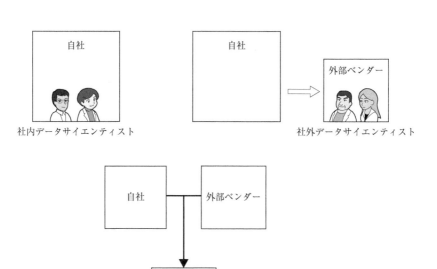

図 1.5.6　専門組織のあり方.

Memo　機械学習工学

　情報技術による自動化の一部に，統計的機械学習やブラックボックス最適化の技術が使われる場合，一般のシステム開発とは異なる難しさがある．特に問題なのは，1) 統計的機械学習においては，すべての入力点に対する正解が必ずしも明確に与えられ

るわけではないこと，2) ブラックボックス最適化においては，効用関数を定義するのが時として難しいことである．

　1つ目の問題点について，たとえば自動運転に用いられる画像認識で考えてみよう．前方を写しているカメラの画像が与えられたときに，「その画像に歩行者が映っているか」「映っているとすればどこか」を正しく認識することは安全上きわめて重要である．しかし，訓練データに現れる特定の画像について，「それが歩行者なのか」「路面の微妙な陰影が歩行者のように見えるだけなのか」というように常に正しいラベル付けができるとは限らない．機械学習システムは，訓練データに現れる入出力関係を模倣する．訓練データのラベル付けが不安定であれば，作られた画像認識器も不安定な出力しか出さない．

　2つ目の問題点は，より本質的である．最適化の技術が進んでくると，たとえば自動運転車の設計を，「現地点から目的地点に安全に移動する最適戦略を求めよ」という形の最適化問題として解く，ということが考えられる．問題は，何が最適かを指定するのが難しいことになる．もし，安全性の要求が非常に高くて，たとえば事故が起きた場合の効用関数の値をマイナス無限大に設定したとする．この場合，自動運転車はまったく動かないだろう．少しでも動けば事故が起きる確率はゼロにはならないからである．現実には，安全性をわずかに犠牲にしてもよいから「目的地点に到達する」という効用を実現しなければならない．このためには，安全性と効用とのバランスを定量的に指定する必要がある．「一定の確率でぶつかることを明示的に許容した自動運転車」という概念が社会に受け入れられるかは，統計的機械学習やブラックボックス最適化を組み込んだシステムにとって大きな課題といえよう．

　このような問題は，統計的機械学習やブラックボックス最適化を使ったシステム構築が，工学として熟成されるにつれ解決されていくであろう．そのために**機械学習工学**（machine learning systems engineering）という新たな工学が生まれつつある[15]．

---

[15] 日本ソフトウェア科学会機械学習工学研究会など．

➤ 1.5節　練習問題

1.5.1 以下のそれぞれの状況において，意思決定に使われるデータ分析の局面は何か．説明的データ分析，予測的データ分析，指示的データ分析のいずれかを選べ．

① 未知の感染症が流行している．その対策のために，どの地域でどの年齢層の感染者が多いのか，その状況を知りたい．

② 農業において，より高温に強い品種に変えるべきかを判断するために，今後5〜10年の温暖化の動向を知りたい．

③ コンビニエンスストアの店舗の配置を計画するために，各地域の人口構成をもとに，どの地域にどのように出店すれば売上を最大にできるか知りたい．

④ 工場において，製品の不良率を最小化するために，どの材料のどのパラメータが製品の性能に最も寄与するかを知りたい．

1.5.2 自動洗濯機のように，「自動」がつく工業製品を3つ選び，それぞれ人間の作業を機械でどのように代替しているかを述べよ（例：自動洗濯機は，人間がたらいと洗濯板で行っていた洗濯作業を代替した）．

1.5.3 データ分析のプロセスを整理したCRISP-DMによれば，データ分析で最初に行うステップは何か．1つ選べ．

① データの理解
② データの準備
③ ビジネスの理解
④ モデリング

{ 1.6 }
データ・AI利活用の
最新動向

キーワード AI 等を活用した新しいビジネスモデル（シェアリングエコノミー，商品のレコメンデーションなど），AI 最新技術の活用例（深層生成モデル，敵対的生成ネットワーク，強化学習，転移学習など）

本節では，AI を活用した新しいビジネスモデルを紹介する．そして，今後ビジネスなどにも広く活用されるであろう AI に関する最新技術を紹介する．

➤ 1.6.1　AI 等を活用した新しいビジネスモデル

AI の高精度化・多機能化・多用途化によって，ビジネスなどにおいても実際に使われるようになっている．特に，深層ニューラルネットワークを用いた認識や予測などは，多くの産業界において必要とされている．AI のビジネス利用については，1.3 節でも述べたが，ここでは AI を用いたビジネスモデルとして比較的新しいシェアリングエコノミー，推薦（レコメンデーション），監視（サーベイランス），デジタルトランスフォーメーションについて触れる．

◉ a シェアリングエコノミー

シェアリングエコノミー（sharing economy，共有経済)とは，インターネット上のプラットフォームを介して個人間でシェア（賃借や売買や提供）をしていく新しい経済の動きであり，その対象は「場所・乗り物・モノ・人・スキル・金」の 6 つに分類される[*1]．すでにさまざまなサービスが始まっていて，利用しているみなさんも多いであろう．宿泊施設（たとえば Airbnb）やオフィスの貸し出し，自動車や自転車の共有（Uber のようなドライバーを含めた自動車の共有もある），家事代行者の共有，ネット上でのフリーマーケットなどが，その典型例である．こういう共有

[*1] シェアリングエコノミー協会　https://sharing-economy.jp/ja/

サービス自体は，インターネットが登場する以前から存在した．すなわち，貸会議室や貸自転車，タクシー，市民農園，広場でのフリーマーケットなどがその例である．これに対して，昨今の共有サービスは，インターネットを活用することで，共有の効率と利便性が圧倒的に向上したものとなっている．

　シェアリングエコノミーにおいても，すでに AI が積極的に活用されていたり，もしくは AI の利用が準備されている．たとえば，いつ・どこで・どのような共有依頼が来るかの予測や，それに応じたシェアすべきリソース（部屋や車）の最適な配分，過去の利用状況の分析による保有リソースの適正化，ユーザの嗜好に応じた情報提供（後述の推薦とも関係），借用希望者の管理（借用内容のプライバシー保護や，不正利用者でないことのチェック），利用状況や予測結果に応じた利用価格の自動決定（**ダイナミックプライシング**（dynamic pricing））などさまざまである．

▶ b 商品の推薦

　商品などの**推薦**（recommendation，レコメンデーション）は，インターネットを利用している方には，すでによく知られたサービスである．書籍や物品，ニュース，音楽（楽曲）に加え，投資情報，転職先，旅行プランなど，さまざまなものが推薦されている．推薦において最も重要なのは，ユーザ（推薦内容を見る人）の好みを推定することである．この推定には，図 1.6.1 のように AI が多用されている．基本的には「このような商品を過去に買ったり，このようなウェブページを過去に閲覧したり，このようなメッセージを送ったりする人は，このような商品を買う可能性が高い」という判断を，多くの人々の購買パターンで学習した AI が行う．そしてその判断に応じて適切な広告画像などを提示する[*2]．時には，ユーザのみの情報ではなく，多くのユーザに共通する情報（天気や全国的な売れ筋）なども使われるだろう．さらに，ユーザのつながり（友達やイベントなどへのつながり）を利用して推薦対象のユーザを絞り込むことも行われている．なお，推薦は，インターネット上のものだけではない．たとえば，AI による予測に基づいて回転ずし店が顧客が好みそうな鮨ネタを積極的に提供するといったことも行われている．

　多くの SNS サービスや検索サービス，ニュースサイトは，無料で使えて便利である．これらサービスを運営している企業がどうやって儲けているか，考えたことがあるだろうか？　実は「自社商品に興味を持ってくれそうなユーザを見つけ，彼ら

[*2] このため，同じページでも見る人によって違う広告画像が提示される．

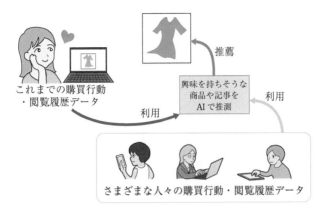

図 1.6.1　推薦には多くの人々の購買行動や閲覧履歴が利用されている.

に自社商品を推薦したい」と考える一般企業からの広告費が，これらサービス提供企業に支払われているのである．すなわち，一般企業から見れば，これら無料サービスは顧客情報の宝庫なのである[*3]．サイトでの閲覧履歴，検索履歴，購入履歴，会話履歴，移動履歴，「いいね」履歴，つながり関係など，すべてこうした好みに関する情報源になる．もしかしたら，これらの無料サービスは「あなた以上にあなたを知っている」かもしれないのである．

● c 監視（サーベイランス）

監視（surveillance，サーベイランス）は，カメラを店舗や街中に設置して，人の動きやモノの動きを観察するサービスである．以前よりセキュリティのために防犯カメラを取り付けることは行われていた．これに対して，最近では AI をより積極的に活用した監視サービスも行われている．

たとえば，カメラのついたエレベーターの中での**異常検知**（anomaly detection）である．一業者が管理担当しているエレベーターは多数あるため，それらすべてのカメラからの映像をすべて同時にモニタで観察することは不可能である．また，もし観察できたとしても，疲労などによる見落としの可能性もある．そこで，エレベーター内部のカメラ映像を AI により解析し，通常の状況と異なると判断された場合

[*3] もしグーグルのユーザならば，URL（https://adssettings.google.com）を見てみよう．グーグルがあなたの嗜好をどう把握し，どのような広告を推薦しようとしているかがわかる．こうした嗜好情報は，利用した検索内容や，gmail（グーグルのメールサービス）などから抽出されている．

だけモニタに提示すれば，効率的かつ正確な管理が可能になる．こうした異常検知の技術は，工場内で作られた製品の異常（表面の傷やはんだ付け不良．外観検査と呼ばれる）にも利用されている．さらに，画像に限らず，大きな工場での装置稼働状況の異常，サイバー攻撃（コンピュータへのアクセス異常），クレジットカードの不正取引検知などにも使われている．また，医療データからの疾病発見にも（健康状態からの逸脱として）異常検知が利用されることがある．

　最近は店舗内のカメラを用いた顧客監視も行われている．以前は万引き防止のための記録専用の防犯カメラだったものが，最近では AI を利用したより前向きな顧客管理に利用されている．具体的には，天井や商品棚にカメラを取り付け，そこからの映像を AI で解析することで，何歳ぐらいの顧客がどのような商品の前に立ったかや手にとったかを把握し，それを商品陳列や仕入れ管理などに利用している．小売り店舗については無人化なども進められているが，それと並行して，このような店舗内での顧客の詳細な行動把握も今後重要になるだろう．

▶ d デジタルトランスフォーメーション

　デジタルトランスフォーメーション（digital transformation, DX）とは，「AI を含むさまざまな情報処理技術によりビジネスやさまざまな組織の効率を向上させること」をいう．従来のビジネスの現場では，紙を用いた書類がやりとりされ，そこに書かれた情報は必要なときに誰もがすぐに見られるように整備されていないことが多い．またそれらをスキャンしてコンピュータやクラウドの中にデジタル画像として保存したとしても，そこからテキスト情報が取り出せていなかったり（単なる画像として書類が保存されているのみ），保存以上の有効活用が行われていないことも多い．これに対して，DX の一種である**ロボティックプロセスオートメーション**（robotic process automation, RPA）では，**OCR**（文字認識）により文書内のテキスト情報を抽出可能にしたり，さらに複数のファイルの内容を自動的に解析・統合して作業に必要なファイルを新たに生成するなど，単なるデジタル化やクラウド化[*4] 以上の価値を目指している．他にも，社内で集めた名刺を OCR でテキスト化した上で一括管理し，そこから顧客名簿を自動生成し，必要に応じてターゲットとする顧客グループを自動抽出するようなサービスも存在する．

　DX については，RPA による自動化や情報集積・抽出だけでなく，ビジネスに必

[*4] コンピュータのファイルをそのコンピュータ内に保存するだけでなくインターネットワーク上でも保存・管理することで，ネットワーク越しにどこからでもアクセス可能にするサービスのこと．

要な意思決定や予測，人事，経理ミス発見，業績評価など，今後もさまざまな局面で利用されると考えられている．「AIやDXに仕事をとられてしまう」と危惧する人もいるかもしれない．しかし，同様のことはコンピュータが職場に入ってきた1950年代以降から常にいわれている．タイピスト*5やそろばんでの会計はコンピュータの導入により確かに消えた．それでも人間が職場から駆逐されたわけではない．これまでの事務系労働がDXにより効率化・高精度化できれば，その時間を別の（依然として人間にしかできない）仕事に利用できるようになる．今後はDXを当たり前の前提とした上で，自分に必要なスキルを身につけていくような姿勢が大事になるだろう．

➤ 1.6.2　AI最新技術の活用例

AI，特に**深層ニューラルネットワーク**（deep neural network）に関する技術については，2010年代中ごろから世界中で膨大な研究が行われ，2021年現在もまさに日進月歩という状況であり，革新的な技術が次々に生まれている．ここではそれらのうち「敵対的生成ネットワーク」（データを生成するAI），「強化学習」（試行錯誤でAIを学習），「転移学習」(少ないデータでAIを学習) について紹介する．

▶ a 敵対的生成ネットワーク

敵対的生成ネットワーク（generative adversarial netswork, GAN）は，深層ニューラルネットワークの一種であり，画像や文章などのデータを自ら生成（合成）するAIである．2014年にイアン・グッドフェローらによって提案されたときには，非常に小さな（30×30 ピクセル程度）数字画像や顔画像を生成できる程度であった．その後劇的な進歩を遂げ，現在ではきわめて高精細な画像生成が可能になっている．特に顔画像については，本物か生成したものか区別できないほどで，そのために後述するような社会問題にすらなっている．

GANの原理は「2つのAIの戦い」として説明される．具体的には，**生成器**（generator)と**識別器**（discriminator)という2つのAI（実際にはニューラルネットワーク）が互いに競いながら学習を繰り返すことである．「互いに競う2つのAI」を想像しにくいかもしれない．しかし，これは私たち人間もやっていることである．図

---

*5 手書きの書類を機械式のタイプライターで清書する職業．

1.6.2 (a) のピッチャーとバッターを考えよう．ピッチャーはバッターに打たれないようなよい球を投げることを目指す．そしてバッターはピッチャーのよい球でも打つことを目指す．この2人が練習を続ければ，ピッチャーの球は（時々打たれてしまうことを反省しつつ，さらに工夫することで）着々と打ちにくくなるだろう．一方でバッターも（時々打てなかったことを反省しつつ，さらに工夫することで）ピッチャーのよい球でも打てるようになるだろう．この切磋琢磨の練習をデータ生成に利用したのが GAN である．

GAN の学習の様子を，図 1.6.2 (b) に示す顔画像生成の GAN を例に説明する．まず，生成器は，顔の合成画像を生成する AI であり，より「本物らしい」顔画像を作成することを目指して学習する．一方，識別器は，提示された画像が，本物の顔画像なのか（生成器が作った）合成画像かを正しく見破ることを目指して学習する．先ほどのピッチャーとバッターと同様に，これら生成器と識別器が切磋琢磨すると，生成器は合成と見破られないような顔画像を生成できるようになり，識別器は合成画像と本物画像のわずかな差異を手掛かりに，合成画像と見破れるようになる．

図 1.6.2　(a) ピッチャーとバッターは敵対的な関係にあるので，互いに上達する．これと同じ関係が (b) の敵対的生成ネットワークにも利用される．

◉ b 敵対的生成ネットワークに関する詳細

「なぜ識別器が必要なのだろうか？ 識別器を使わなくても（すなわち GAN でなくても），生成器だけで本物らしい合成画像ができるのでは」と疑問に思う方もいるかもしれない．この疑問を，再びピッチャー・バッターの例で説明すれば，ピッチャーが 1 人で「よい球」を投げる練習をすれば，よいピッチャーになるのではないかということになる．しかしどのような球を「よい球」として練習すればよいだろうか？ たとえば「ど真ん中」だけを投げるように練習するのも 1 つの方法だが，それでは多様な球を投げることはできなくなってしまう．そこでバッターを準備し，「よい球」を「バッターが打てない球」と再定義することで，球種の多様性を保ちつつ，バッターが打てない球を投げられるようになる．GAN による顔画像生成も同様で，生成した顔画像の本物らしさの評価を，識別器というもう 1 つの AI にやらせることで，顔画像の多様性を保ちつつ，本物らしい顔画像が生成できるようになる．

ピッチャー・バッターの練習は，うまく行かないこともあるだろう．たとえば，バッターにどうしても克服できないコースがあったとする．このとき，もしピッチャーがそのコースを見つけてしまうと，そこの球ばかり投げ続けるピッチャーになる（バッターに打たれないので，それが最良の球なのである）．しかし，結果的にこのピッチャーは多様な球が投げられず，実戦では役に立たないピッチャーになってしまう．画像生成の GAN でも，同じような画像しか生成されない状況に陥ることがある．これは**モード崩壊**（mode collapse）と呼ばれる現象で，それを回避するためにさまざまな工夫を施した GAN が多数提案されている．

GAN は画像生成において最も成功しているが，音声や音楽，そして文の生成も検討されている．また，GAN で生成されたデータが，本物と見分けがつかないレベルでなくても，深層ニューラルネットワークの学習データとしては利用可能なケースも多い．すなわち，AI が作った疑似的なデータを使って別の AI を学習するのである．不思議に感じるかもしれないが，学習用データが少ない場合には，よく利用される方法である．

Memo AI によるデータ生成に関する社会問題

ここでは，GAN などの AI によるデータ生成に関する 3 つの社会問題について触れる．2021 年現在，いずれも法的・倫理的な議論が進行中である．今後の AI の進歩

や利用形態により，状況は変わりうることをお断りしておく．興味のない方は読み飛ばして構わない．

第一は，**Deepfake** と呼ばれる画像生成技術である．動画中の A 氏の顔を，GAN を用いてまったく別の B 氏の顔に変えることができる．Deepfake による生成画像は非常に自然で，本当に B 氏が写った動画のように見えるほどの精度である．しかし，この精度を悪用するケースが出てきた．たとえば，犯罪現場などの画像に写っている犯人の顔を，B 氏の顔に変えて SNS などに流通させると，経緯を知らぬ人が見ると，本当に B 氏が犯罪に関係しているように誤解してしまうだろう．Deepfake を使って，ある政治家に偽の発言をさせた偽造動画も問題となっており，2019 年 10 月には，米国カリフォルニア州において，選挙が近い政治家の活動を妨害するような合成動画を配布することを禁止する法律が施行された．

第二は，故人とのかかわり方である．故人の顔写真を Deepfake を使って動画に埋め込み，在りし日を懐かしむことも行われている．また，故人である漫画家の手塚治虫の「新作」を作成した TEZUKA2020 というプロジェクトでは，手塚風の新キャラクターの生成に GAN が用いられた．2019 年 NHK 紅白歌合戦では，故人である歌手の美空ひばりを彼女の歌とともに AI を用いて再現した．こうした故人の仮想的再生については，故人の意向に反する場合や，実際の過去とはまったく異なった人物像にしてしまう場合なども考えられ，倫理的に問題があるという意見もある．一方，最愛の人を失った遺族が，故人を模したチャットボットと Deepfake による仮想的なコミュニケーションを続けたとしても，それをとがめることは難しいだろう．

第三は，著作権に関する問題である．まず，GAN が作り出した画像が著作物であるかどうか [*6]，著作物である場合は誰が著作権を持つかといった基本的な問題がある．また，特定の著作物を学習用データとして利用して AI を学習したとする．その AI が生成したものが，その学習用データに著しく似ている場合，合法性の判断は難しくなるだろう．

[*6] 著作権法 第 2 条第 1 項第 1 号では，著作物を「思想又は感情を創作的に表現したものであつて，文芸，学術，美術又は音楽の範囲に属するものをいう．」と定義している．これを受け，日本美術著作権協会による見解（2020 年）では，AI 自体は思想や感情を持たないために，その生成物は著作物ではないとしている．

● c 強化学習

強化学習（reinforcement learning）は，比較的古くからある AI（正確には機械学習）の学習方法である．強化学習の基本を理解するには，将棋 AI を作る状況を想像すると比較的わかりやすい．今，ある駒をある位置に移動させる手を打ったとする．もちろん，私たちは「よい手」を打ちたい．では，その手はどれぐらいよい手だろうか？　ここで，「本当によい手」かどうかは，（王をとってゲーム終了となる手以外は）その瞬間だけではわからない点は重要である．その後対局を進めていった後に，ようやくこの手のよさを正当に評価できる[*7]．すなわち，「あの手を打ったおかげで，結果的に 勝てた」のならば「よい手」だし，結果的に負けたのなら「悪い手」である．

　では，将棋に強くなるにはどうすればよいか？　それは「現在の局面において，この手を打ったら，長い目で見れば よい結果が得られるだろう」ということを正しく学習すればよいのである．結局将棋の強い人というのは，この先を見越した戦略を正しく学習できている人といえる．逆に，次の一手のことしか考えないその場しのぎの将棋では，一時的には優勢に見えることがあるかもしれないが，気がつけば負けているだろう．こうした話は将棋に限った話ではない．「アリとキリギリス」の童話のように，「損して得取れ」ということわざがあるように，そして親が「今は○○したいかもしれないけど，今こそ××しておきなさい」とうるさくいうように，目の前の幸せを追い求めてばかりでは，長期的な幸せは最大化されないことが多いのである．

　では，「現在の局面において，この手を打ったら，長期的にはよい結果が得られる」という知識はどうやったら得られるだろうか？　これを求める方法こそが強化学習である．強化学習は試行錯誤に基づく．すなわち，データを事前に収集しておき，それらと AI からただちにこの知識が得られるのではない．現在の場面において，「現時点」での知識に基づいて最善と思われる手を打ってみて，それが長期的に見てよかったか・悪かったか（当然失敗もする）を評価しつつ，知識を修正するのである．したがって，試行錯誤が多いほど，知識は洗練されていくだろう[*8]．そして，この

[*7] もし，目の前の飛車がほしくて，それをとったとしよう．相手の飛車がもらえてその瞬間には「よい手」に見えるかもしれないが，将来的にそれが勝利につながるかどうかはわからない．むしろ，飛車をほしがったせいで，王手をされてしまうかもしれない．

[*8] 親の小言も，親自身の試行錯誤の結果として得られた知識なのかもしれない．

図 1.6.3　人間のさまざまなスキルも，強化学習により上達している.

ように試行錯誤で上達していくのは，図 1.6.3 に示すように，私たち人間も同様なのである.

d　強化学習の応用先

強化学習は，この将棋のように「一連の行動をどう適切に学習するか」という課題と相性がよく，これまでも以下のような課題において利用されている.

- 将棋や碁などの対戦型ゲーム：ディープマインドによって開発され，2015 年に囲碁の世界王者を倒した AlphaGo も，強化学習を用いている. なお，ブロックくずしやスーパーマリオなどのゲームを行う AI は，強化学習の絶好の練習課題としてよく知られている[*9].
- ロボット制御：ロボットの腕（ロボットアーム）による，机上の部品をつかんで，所定の位置（箱など）に入れる作業は，**ビンピッキング**（bin picking）と呼ばれる. これを実現することで工場の製造ラインを省人化できる. そのための制御に強化学習を使う試みが世界中でなされている.「部品や机の状況」が「将棋盤上の現在の局面」に相当し，「部品のどこをつかんでどのように関節を動かして運ぶか」が「次に指す手」に相当する. うまくつかんだだけでなく，所定の位置まで持っていってはじめて「よい制御」となる.
- 自動運転：自動車が自律的に目的地まで運転するためには，付近の状況を観察しつつ，アクセルやブレーキなどを適切に制御する必要がある. この制御に強化学習が利用されている. 目的地に着くという最終目標も大事であるが，各瞬間での安全性も同時に達成できるような制御が必要になる.
- 化学：化学物質の反応や生成過程において，目的の化学物質を生成するために，強

[*9] OpenAI Gym というサイトには，ブロックくずしをはじめ，強化学習に関する数多くの練習問題が準備されている. https://gym.openai.com

化学習を用いた実験条件・環境の制御が行われている.

● 推薦：特定のユーザがクリックしてくれるようなインターネット広告やニュースを提示するために，強化学習が使われている.

Memo 長期的によい手とは？

　上の説明で出てきた「長期的によい手」をどのように具体的に考えればよいだろうか．将棋ならば，とにかく「最終的に勝てたか」「負けたか」だけでよいかもしれない．しかしそれでは，将棋一局を最後の最後までいかないと，途中で指してきた手のよさはまったくわからないことになる．さらに，まったく知識のない状態で学習を開始してしまうと，何度試行錯誤（対戦）を行っても一度も勝てないだろうから，結局「長期的によい」と評価されることが一度もないことになる．すなわち，まったく学習が進まないことになる．こうした状況を避けるためには，やはり「最終的に勝てる」だけでなく，途中でも一手一手についてある程度は「よい」「悪い」を評価してもらったほうがよさそうである．たとえば，目の前の飛車をとるのは「そこそこよい」とか，敵が攻めて来ているのに王将のまわりを守らない手は「イマイチ」とかである．もちろん，相手の王将をとれる手が「最高によい」，相手に自分の王将をとられてしまうような手（王手されているのにそれを防がないような手）が「最高に悪い」ということになる．結局，「長期的によい手」というのは，その手を打った後の長期間のやりとりをいろいろ（膨大な可能性がある）考えながら，各やりとりで得られる「よい」「イマイチ」「最高によい」などを総合的に評価して，計算することになる．

Memo 深層強化学習

　知識を正しく，そして効率的に学習するにはどうすればよいだろうか．この知識は，将棋の場合，「局面 A なら，7六歩が長期的に最もよく，2六歩はイマイチ」「局面 B なら，7八銀が長期的に最もよく，3三角は最悪」のような形式で学ぶことになる．したがって，局面 A，局面 B など，すべての可能な局面を学習しておけばよい．ところが一説によると，可能な局面数は $10^{60} \sim 10^{70}$ ともいわれている（篠田（2008））．少なく見積もって 10^{60} 通りだとしても，これは膨大な数である．もし，1秒間に1局面分学習したとすると，すべての局面を網羅するには約 3×10^{52} 年かかる．宇宙の誕生から現在までが 1.4×10^{10} 年程度といわれており，それよりもはるかに時間がかか

ることになる．それどころか，知識を蓄えるためにコンピュータに記憶させようとしても，地球上の全原子（10^{50} 個程度といわれている）を集めてきても，無理なのである[*10]．

　この問題点を解決するために，現在よく使われているのが，深層ニューラルネットワークである．具体的には，深層ニューラルネットワークを「こういう局面でこの手を打ったら，どれぐらいのよさであった」というデータで学習するのである．先に述べたように，すべての局面を学習するのはもちろん無理である．しかし深層ニューラルネットワークは，学習していない局面であっても，似たような局面を学習しているのならばある程度正しい「よさ」を返してくれる，というすぐれた性質を持っている[*11]．このように，深層ニューラルネットワークを用いて，「ある局面におけるある手の長期的なよさ」を推定する方法を**深層強化学習**（deep reinforcement learning）と呼ぶ．強化学習と深層ニューラルネットワークを組み合わせた方法は他にも数多く提案されており，強化学習の適用範囲を広げることに役立っている．

Memo 強化学習の専門用語について

　今後さらに強化学習について学ぶ方のために，強化学習の教科書などで出てくる専門用語を，将棋 AI の例で説明する．強化学習は専門用語が多く，混乱しがちなので，その参考にしていただきたい．まず将棋の次の一手を指すことを**行動**（action）と呼ぶ．そして最終的に学習で求めたい「現在の局面において，この手を打ったら，それは長期的にどの程度よいのか」という知識のことを**行動価値関数**（value function）と呼ぶ．ここで**価値**（value）とは「長期的なよさ」のことである．また，現在の局面のことを**状態**（state）と呼ぶ．要するに強化学習の目的は，「ある状態である行動を起こしたとき，その価値を教えてくれる」行動価値関数を求めることにある．この行動価値関数から，「今の状態ならどのような行動をとるべきか」が求まる．この行動指針を

[*10] 将棋のように高々 81 マスの中に 40 個の駒をおくだけでもこのような**組合せ爆発**（combinatorial explosion）が起きてしまう．人生を強化学習して「このような状況のときは，こうすべし」という知識を得ようとしても，人生の各時点の「状況」は将棋以上に膨大な要因で成り立っているため，「可能な状況の数」は計りしれないものになるだろう．したがって，強化学習を繰り返して完璧な人生のための知識を得るのは，残念ながら無理そうである．

[*11] 学習していないデータに対しても正しい答えを返すことを，「**汎化能力**（generalization ability）が高い」という．深層ニューラルネットワークは汎化能力の高い AI の 1 つである．ただし，まったく学習していない状況に対しては，深層ニューラルネットワークも無力である．

方策（policy）と呼ぶ．

これまで，長期的なよさのために，一手一手の「よい」「イマイチ」「最高によい」などを総合的に評価すると述べた．この一手一手に対する評価を**報酬**（reward）と呼ぶ．そして価値とは，「今後トータルでどれぐらいの報酬が得られるか」という長期予想値なのである．基本的な強化学習では，この報酬を私たちが事前に定義しておく．報酬を用いて価値が計算されることになり，さらには行動価値関数が決まるので，その定義は非常に重要である．たとえば，「敵の王将をとる」報酬を 1,000 として「飛車をとる」報酬を 100 とした場合と，それぞれを 10,000 と 10 とした場合とでは，学習される行動価値関数が変わり，したがって将棋の指し方も変わってくることになる[*12]．なお，この報酬も学習により自動的に求める**逆強化学習**（inverse reinforcement learning）という方法もある．

▶ e 転移学習

深層ニューラルネットワークには，大量のデータが必要という弱点がある．特に画像認識などを行わせる際には，単に画像データがあるだけでなく，その画像に何が写っているかという「正解情報」も同時に存在する必要がある．たとえば，深層ニューラルネットワークを学習してレントゲン画像を認識して健康か病気かどうかを判断させる AI を作る場合，「健康」「病気」という正解がついたレントゲン画像を大量に準備する必要がある．しかし，この正解をつけられるのは，多忙な医師だけであり，結果的に大量に準備することが難しい場合が多い．

転移学習（transfer learning）はこうした状況を緩和する技術であり，大量のデータがない場合でもできる限り高精度な画像認識 AI を作る際に役立つ．図 1.6.4 はその方法をレントゲン画像の例で説明したものである．まず，正解がついた大量の画像データで深層ニューラルネットワークを十分に学習する．この画像データはレントゲン画像とは無関係でよく，たとえば犬や猫の画像でよい．こうした一般的な画像ならば，ImageNet データセットなど無料で利用可能な正解つき大規模画像データセットが存在する．その後，この学習済みの深層ニューラルネットワークをスタート地点として，手元の少量のレントゲン画像を用いて**追加学習**（fine-tuning, ファ

[*12] 私たち人間の行動様式が異なるのは，ある意味この報酬の定義が個人ごとに違っているためと考えることもできる．

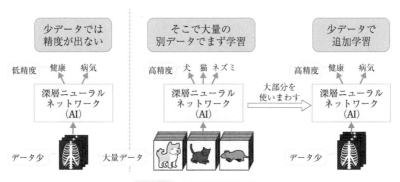

図 1.6.4　転移学習の考え方.

インチューニング)する．以上が転移学習の方法である．要するにまったく別のデー
タで学習した AI を，いま対象としているデータ（この場合レントゲン画像）に使い
まわすのである．これだけで，手元の少量の画像だけで学習するよりも精度が向上
することが多い．

　少し奇妙に感じられるかもしれない．犬や猫の画像を認識するために学習した AI
が，レントゲン画像の認識になぜ役に立つのだろうか．写っているものはまったく
異なっているのに役立つのは不思議に見える．この疑問を解消するには，人間の脳
を考えるとよい．私たちの目や脳は，犬用，猫用，レントゲン用，と独立に分かれ
ているわけではない．目の奥の網膜から入った画像は，視神経を通っていくつかの
処理がなされて，最終的にそれが何であるかを認識するといわれている．この最終
部分については確かに猫やレントゲンを識別する必要がある．しかし，その前段階
の「いくつかの処理」については，どのような画像が入ってきたとしてもおよそ同
じような処理がなされるのである．深層ニューラルネットワークも類似した流れを
持っており，最終的に識別する部分以外は，どんな画像が入っても，およそ共有化
できると考えられる．たとえていうならば，「犬や猫などいろいろなものを認識でき
るようになった人は，その共通するいくつかの処理については学習できているだろ
うから，その後新しくレントゲンを認識対象として追加するのも容易である」とい
うことになる．

　なお，転移学習以外にも，正解のついたデータが少ないときに役立つ学習方法も数
多く研究されている．それらはまとめて**半教師付き学習**（semi-supervised learning）
や**弱教師付き学習**（weakly-supervised learning）と呼ばれる．ここで教師とは「正

解」を表している．よって「半分だけ教師」や「弱い教師」とは，不完全に正解がついたデータしかない状況を意味している．

参 考 文 献 ·············

篠田正人 (2008)，将棋における実現可能局面数について，ゲームプログラミングワークショップ 2008 論文集．

➤ 1.6節　練習問題

1.6.1 SNS や検索サービスが無料で運営されている正しい理由を 1 つ選べ．

① ボランティアとして運営しているため
② サービスサイトに広告を出した企業が広告費を支払っているため
③ 国や自治体が支援しているため
④ AI が自動運営しているので，コストをかけずにサービスを提供できるため

1.6.2 デジタルトランスフォーメーション（DX）について正しくないものを 1 つ選べ．

① さまざまな情報をデジタル化して集約し，それらを利活用してビジネスを効率化する．
② 事務的作業の内容を変えてしまう可能性がある．
③ DX が進むと，ビジネスのための予測や意思決定にも利用可能になる．
④ 紙文書があれば，それをスキャンしてデジタル画像化することが重要である．

1.6.3 人間と完全に同じような受け答えができる AI があったとする．それを用いてどのようなビジネスが可能かを考えよ．

1.6.4 画像を対象とした敵対的生成ネットワーク（GAN）について正しくないものを 1 つ選べ．

① さまざまな画像を生成できる AI である．
② 役割の異なる 2 つの AI を競争させつつ学習を行う．

③ 本物と見分けがつかないレベルの画像を生成でき，社会問題にもなっている．

④ GAN のモード崩壊とは，生成した画像の質が非常に悪い状況を指す．

1.6.5 強化学習について正しくないものを 1 つ選べ．

① 大量の正解つきデータを事前に準備する必要がある．

② 「一連の行動をどう適切に学習するか」という問題に適している．

③ 「長期的なよさ」を重視しながら，とるべき行動を学習する．

④ 試行錯誤に基づく学習法である．

第 2 章

[基礎]データリテラシー

リテラシー（literacy）とは，通常読み書きの能力や教養の有無を表す言葉である．データリテラシーとは，データの読み取りと理解を中心とする活用能力全般を指している．本章では，「データを読む」「データを説明する」「データを扱う」の順でデータリテラシーに関する基本的な概念と方法を説明する．

$$\{\quad 2.1\quad\}$$

データを読む

 キーワード データの種類（量的変数，質的変数），データの分布（ヒストグラム）と代表
値（平均値，中央値，最頻値），代表値の性質の違い（実社会では平均値＝最
頻値でないことが多い），データのばらつき（分散，標準偏差，偏差値），観
測データに含まれる誤差の扱い，打ち切りや脱落を含むデータ，層別の必要な
データ，相関と因果（相関係数，疑似相関，交絡），母集団と標本抽出（国勢
調査，アンケート調査，全数調査，単純無作為抽出，層別抽出，多段抽出），
クロス集計表，分割表，相関係数行列，散布図行列，統計情報の正しい理解
（誇張表現に惑わされない）

　本節では，「データを読む」ための基本事項を説明する．データの種類，データの
代表値とばらつきの指標を導入したあと，打ち切りや脱落など実際に発生する問題
点に触れる．相関については計算法を示し，因果性については基礎的な概念を導入
する．複数のデータの関連性を捉える方法として，クロス集計表や散布図行列など
を導入する．

➤ 2.1.1 データの種類

　データは大きく**質的変数**と**量的変数**に分けられる．質的変数はさらに名義尺度と
順序尺度に分類され，量的変数はさらに間隔尺度と比例尺度に分類される．また量
的変数には連続変数と離散変数の区別もある．温度や身長は連続的な値をとりうる
ので連続変数である．これに対して，世帯の人数のように整数の値しかとらない変
数は離散変数である．

　名義尺度とは，たとえば血液型のように観測値にラベルがついているだけのもの
であり，順序を入れ替えても特に影響はない．各項目ごとの個数や，それらの比な
どを考えることはできるが，それ以上の分析は難しい．

表 2.1.1　4 つの尺度.

種類	尺度水準	概要	例
質的変数	名義尺度	分類・区分	性別，血液型，郵便番号
	順序尺度	分類・区分での順序，大小関係	震度，ランキング
量的変数	間隔尺度	間隔に意味のある数値	温度，西暦，知能指数
	比例尺度	間隔・比率に意味のある数値，原点あり	身長，速度，収入

　順序尺度とは，1 位，2 位，3 位など，あるいは好きか嫌いかなど，順序には意味があるが，その間隔には意味がない．並べて大小を比較することには意味があるといえる．

　間隔尺度とは，温度，西暦など，値の間隔（差）には意味があるが，それらの比には意味がない変数をいう．これらに対してはデータの中心（2.1.2 項で説明する平均値，中央値など）やばらつきなどを考えることができる．

　比例尺度とは，身長，体重など，値（特に原点）に絶対的な意味があり，間隔にも比率にも意味があり，四則演算が可能である．4 つの尺度については表 2.1.1 にまとめた．

➤ 2.1.2　データの分布と代表値

　ここではデータがどのような範囲に分布しているのかを視覚的に把握する方法としてヒストグラムの描き方を説明し，データの代表値として平均値，中央値，最頻値という概念を説明する．

◐ a ヒストグラム

　以下に取り上げる 32 個の観測値からなるデータは，自動車 32 車種の燃費を記録したものである[1]．ここでは，データ解析向けのプログラミング言語である R 言語に含まれている mtcars データを利用した．mtcars データにおける燃費は，燃料 1 ガロンあたり何マイル走行したかが記録されているが，以下では燃料 1 L あたり何 km 走行したかに換算している．

　8.88　　8.88　　9.64　　9.05　　7.90　　7.65　　6.04　10.31

---

[1] 出典：Helleman and Velleman (1981), Biometrics.

```
9.64   8.12   7.52   6.93   7.31   6.42   4.40   4.40
6.21  13.69  12.85  14.33   9.09   6.55   6.42   5.62
8.12  11.54  10.99  12.85   6.68   8.33   6.34   9.05
```

こうして数字の羅列を眺めていても，データがどのような特徴を持っているかを把握することは難しい．データ分析の第一歩は，たとえば燃費を 2 km/L ごとに区間を刻み，各区間に何個データが入るかを数えることである．この刻みのことを**ビン幅**，区間のことを**階級区間**と呼び，各階級区間に入った個数を**度数**あるいは**頻度**と呼ぶ．これらを表に整理したもの（表 2.1.2）は**度数分布表**と呼ばれる．

表 2.1.2　燃費データの度数分布表.

階級区間	度数	パーセント
4〜6	3	9.375
6〜8	12	37.5
8〜10	10	31.25
10〜12	3	9.375
12〜14	3	9.375
14〜16	1	3.125

これをもとに，横軸に階級区間に分けた燃費をとり，縦軸に度数をとって描画したのが図 2.1.1 である．これを**ヒストグラム**（histogram）と呼ぶ．

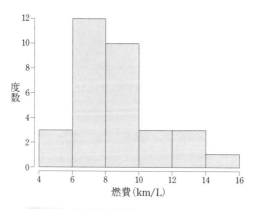

図 2.1.1　自動車の燃費データのヒストグラム.

◉ b 平均値，中央値，最頻値

　ヒストグラムは，データの分布の概要を視覚的に捉える点で便利であるが，ここではデータの「中心」を表す数値の与え方を複数取り上げよう．複数の指標を観察することで，描画せずともデータの分布傾向を知ることができる．

　たまたま得られた 13 個のデータ（取りうる値は 0 から 9 までの整数であることが知られている）が以下の通りであるとしよう．

　8 3 3 5 5 3 0 7 5 7 8 1 2 6

データの**平均値**（mean）あるいは平均とは，値をすべて足してデータの個数で割ったものを指す．すなわちこの例でいえば

$$\frac{8+3+3+5+3+0+7+5+7+8+1+2+6}{13} = \frac{58}{13} \approx 4.46$$

となる．これに対して**中央値**（median）とは，データを昇順に並べ替えたときに中央にくる値のことである．この例でいえば，

　0 1 2 3 3 3 5 5 6 7 7 8 8

であるから，下から（当然上からも）7 番目にある 5 が中央値である．もしデータの個数が偶数の場合は，真ん中の 2 つの数字の平均を中央値とする．この例で追加のデータとして 4 が得られたとすると，データは 14 個となり真ん中の値は 4 と 5 であるので，その平均 4.5 が中央値となる．

　最頻値（mode）とは，度数の最も多い階級に対する値であり，この例では 0 から 9 の整数を階級と見なしてよい．このデータの最頻値は 3 である．燃費データのヒストグラム（図 2.1.1）の場合は，「1 L あたり 6 km 以上 8 km 未満」が最頻区間であり，階級区間の真ん中の値 7 を最頻値とする．階級区間の真ん中の値は階級値とも呼ばれる．

　もしここでデータの 4 番目の観測値が 5 でなく 7 だったとすると，度数が 3 で最多となる階級が，3 と 7 の 2 つとなる．これらいずれも定義上は最頻値である．このように，最頻値は必ずしも 1 つに決まらないことがある．なお，平均値は約 4.61 と少し大きくなるが，中央値は依然として 5 である．中央値は平均値に比べてデータのゆらぎの影響を受けにくい．

➤ 2.1.3 代表値の性質の違い

実社会で目にするデータの多くは，必ずしも平均値＝最頻値ではない．実例でそのことを観察しよう．図2.1.2に示すのは，厚生労働省が実施・公表している2019年国民生活基礎調査から，日本における所得の分布を示したものである．

このデータにおいては，最頻値，平均値，中央値がすべて異なることがわかる．単一の値としての最頻値はヒストグラムからは読み取れないが，200万円以上300万円未満が最も度数が多い階級区間であり，最頻値はその階級値250万円となる．所得の低いほうから高いほうに順番に並べたときの中央値は437万円であるが，平均値は552万3千円で中央値より約100万円も高い．

このように，右側に長く裾を引く分布は「右に歪んだ分布」と呼ばれ，こうした分布では中央値より平均値が大きくなる．この事例においても，数は少なくても高額所得者の所得に引っ張られる形で平均所得は大きくなるのである．

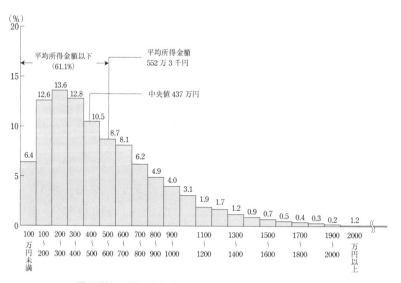

図2.1.2　所得の分布（2019年国民生活基礎調査より）．

➤ 2.1.4 データのばらつき

代表値というのは，データのある意味真ん中であるとか，あるいは最も出やすい値をもって，1つの値で傾向を代表させようというものである．そして，その代表値の周辺に実際のデータがどの程度ばらついて生じるのか，その指標も大切である．ここではばらつきの指標として，分散と標準偏差を説明する．日常聞き慣れている偏差値という用語も，ここで学ぶ概念で理解できる．

◯ a 分散

単純な例として，5つの数字からなるデータ 3,6,2,2,5 について考える．平均値は先の定義に従って計算すれば 3.6 である．データのばらつきを考える第一歩は，個々のデータが平均からどのぐらい離れているかを計算することである．この量を**平均からの偏差**と呼ぶ．データ 3,6,2,2,5 に対しては，以下の数字の組を得る．

$$-0.6, 2.4, -1.6, -1.6, 1.4$$

これらを平均してしまうと，プラスの偏差（平均より大きな値だった）とマイナスの偏差（平均より小さな値だった）が相殺して 0 になってしまい，ばらつきの指標として意味がない．そこで，これらの数字を 2 乗してすべて非負の値にして，さらに総和を個数で割って（つまり平均して）1 個の数値に集約することを考えよう．

$$\frac{(-0.6)^2 + 2.4^2 + (-1.6)^2 + (-1.6)^2 + 1.4^2}{5} = \frac{13.2}{5} = 2.64$$

データを平均からの偏差に換算し，それらを 2 乗平均したこの量を**分散**（variance）と呼ぶ．今データの個数を一般的に記号 N で表そう．この例では $N = 5$ である．分散の推定方法の「よさ」については複数の基準が存在し，それぞれの理由で分母を $N-1$ とすることが推奨されたり，$N+1$ がよいと結論づけられたりする．ここでは指標の成り立ちを受け入れやすい形で説明することを重視して，個数（N）で割って平均する形で提示しておく．

◯ b 標準偏差

先のデータが仮に何かの重さを量った結果で，測定単位がグラム（g）だったとしよう．すると分散の単位は g^2 になっており，元のデータと単位があわないので直観

的にわかりにくい．そこで，分散の平方根をとれば，元の測定単位と一致して解釈も容易になる．この例でいえば，$\sqrt{2.64} \approx 1.62$ となる．これを**標準偏差**（standard deviation）という．

　ばらつきの指標とは，別の見方をすれば，データが平均のまわりにどれだけ集中しているかを表すものである（図 2.1.3）．もしデータのヒストグラムを描いたときに，平均を挟んで左右対称にデータが散らばっていて，平均からあまりにも遠いところに飛び地のような値が混ざっていなければ，平均の両側にプラスマイナス標準偏差 1 個分の区間を考えれば，データの 3 分の 2 程度はこの区間の中に収まることが期待できる．

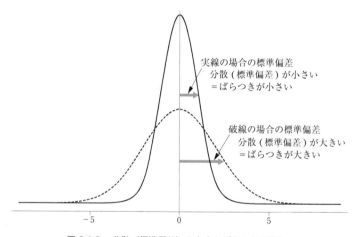

図 2.1.3　分散（標準偏差）の大小とばらつきの違い．

Memo　偏差値

　平均と標準偏差の概念を学んだ今となっては，偏差値がどう計算されるのかを理解することはやさしい．**偏差値**とは，平均が 50，標準偏差が 10 となるようにデータを規格化することで求まる値である．定義は，

$$偏差値 = \frac{得点 - 平均点}{標準偏差} \times 10 + 50$$

である．もしある生徒の得点が平均点と同じであれば，偏差値は 50 となる．また，得

点が平均より標準偏差だけ高ければ偏差値は 60 となる．偏差値は単位のない数（無次元数）である．

　偏差値が指標としてある程度意味を持つには，標準偏差の説明で述べた，平均まわりのばらづきが左右対称であること，平均から極端に大きく離れた値がないこと，という性質をデータが満たすことが重要である．仮定の妥当性の下ではあるが，偏差値 60 は上位 15% 程度を，偏差値 70 は上位 3% 弱に相当することになる．

➤ 2.1.5 観測データに含まれる誤差の扱い

10 グラムの標準原器を，気圧や気温などの諸条件をなるべく一定にした上で繰り返し測定する．このとき 5 回の測定で以下のようなデータが得られたとしよう．

$$9.999410$$
$$9.999403$$
$$9.999402$$
$$9.999410$$
$$9.999397$$

9.999 グラムまでは確かなようであるが，小数点 4 桁目以降は測定ごとに値が異なっている．このように，どんなに条件を揃えて同じものを繰り返し測定したとしても，高精度で観察すれば測定値は毎回異なりうる．このような変動を**誤差**と呼ぶ．

　どの程度の誤差を見込んでおくべきかは，繰り返し測定から得られる標準偏差がその指標となる．アメリカ国立標準技術研究所が 10 グラム原器を 100 回繰り返し測定した結果，小数点 4 桁目以降は平均約 402 マイクログラム（1 マイクログラムは100 万分の 1 グラム），標準偏差が 6 マイクログラムであることが知られている[*2]．

　概念的に整理しておけば，

$$個々の測定値 ＝ 正確な値 ＋ 誤差$$

ということになる．次に測定を行ったときの誤差は測定値が得られなければわからないが，どの範囲に来るかは標準偏差を使って，たとえば ±2×（標準偏差）という

[*2] なお，2.1.5 項冒頭に示したデータは，この知見に基づいて発生させた人工データである．

形で想定できる.

　布生地の量り売りを考えよう. ある布生地を1m注文しても, お店の側は1mきっかりにはせず, だいたい5cmぐらいはのりしろをとって裁断し, それでも代金は1m分しかとらないことがほとんどである. こうしたケースでは, 1mの注文に対して, 実際の生地の長さは常に5cm程度大きめの値になる. このように, すべての観測値に対して同じやり方で同じ方向に値がずれる要因を, 偏り（バイアス）という.

　この例では偏りは客の便宜を考えたサービスであって害はないが, 長さや重さを正確にはかりたいときに偏りは深刻な問題となりうる. にもかかわらず, 偏りは測定のみから知ることは一般に難しく, 何らかの外的基準と比較することで明らかになる.

➤ 2.1.6　打ち切りや脱落を含むデータ, 層別の必要なデータ

　実際のデータには打ち切りが生じている場合や, データ項目の一部が脱落しているものもある. また, 層別を導入することで初めてデータの特徴が見えてくる場合もある.

◯ ▶ a 打ち切り

　工業製品やその部品（ユニット）の故障を記録したデータには, 個々の故障事例にいたるまでの時間が含まれることがよくある. 特に製造時の実験段階で, 特定の温度でユニットを動作させた場合の故障までの時間を収集する場合を想起してみよう.

　打ち切り（censoring）とは, 値がある閾値以上のデータについては観測されず, 閾値以上であるという情報しか得ることができないことを指す. 故障までの正確な時間が記録される場合もあるが, 一部の試験ユニットの正確な故障までの時間が, 打ち切りのために不明な場合もある. 以下に述べる通り, 打ち切りには 1) 右打ち切り, 2) 区間打ち切り, 3) 左打ち切りがある.

　そもそも故障は, 所定の時間より前にそれが起きた場合に故障と判断できる. 所定の時間がすぎても故障しないユニットは, **右打ち切り**（right censoring）された観測値とみなされる（図2.1.4）. 右打ち切りには, 定時打ち切りと故障打ち切りがある. 定時打ち切り（あるいはタイプ I 右打ち切りとも呼ばれる）とは, 一定時間が経過するまで観測することであり, 試験終了時にまだ動作しているユニットはすべ

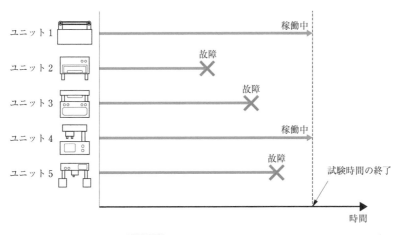

図 2.1.4　右打ち切りのイメージ.

て，定時打ち切りされたユニットである．故障打ち切りとは，観測される故障数が指定の数に達するまで観測を実施するもので，これはタイプ II 右打ち切りとも呼ばれる．

　区間打ち切り（interval censoring）とは，ある特定の時間区間に故障が発生したということしかわからない場合を指す．たとえばある製造工程で 10 個の部品を 12 時間ごとに検査する場合，分析者は特定の検査時間における各部品の状態（正常に動作中か故障か）を知ることしかできない．仮に故障を発見しても，それが測定開始後（たとえば 72 時間から 84 時間の間）に故障したということしか把握できない．

　左打ち切り（left censoring）とは区間打ち切りの特別なケースで，0 と最初の検査時間との間に故障が発生している場合を指す．区間打ち切りの例でいえば，開始 12 時間後の最初の検査の時点ですでに故障している部品があったとすると，それらは左打ち切りデータと呼ばれる．

> **b　脱落**

　脱落（drop out）とは，同一の観測対象を長期に調査する場合に，ある時点のデータが観測されないことを指す．複数の観測対象からなる同一の標本について，継続的に調べて記録した**パネルデータ**（panel data）では，特定の調査回以降の回答が得られない場合が，脱落に該当する．

▸ c 層別の必要なデータ

もしデータのヒストグラムが図 2.1.5 のように二山になっている場合，データが 2
つの異なるグループから発生している可能性がある．こうした場合，データに付随
する他の属性情報（たとえば男性か女性か）によってデータを分類，分割した上で分
布を考えたほうがばらつきを抑えられる．このようなやり方を**層別**（stratification）
という．

このようにデータの可視化に基づいて層別を導入する場合もあるが，もう 1 つ重
要なケースは以下の 2.1.7 項に述べる因果性の分析である．

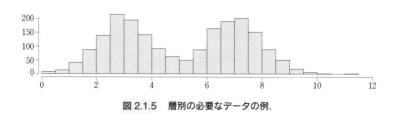

図 2.1.5　層別の必要なデータの例.

➤ 2.1.7　相関と因果性

相関（correlation）については，すでに 1.4.4 項で説明した．ここでは，相関係数
の計算法を説明した上で，相関係数が 2 つのデータの直線的関係の有無を表す指標
として理に適った量であることを説明する．**因果性**（causality）についても 1.4.4 項
の説明を踏まえて，基本的な概念を導入しておこう．

▸ a 相関係数

データ x と y の組が，以下の 7 ペアで与えられているとしよう．

$$\begin{array}{c|ccccccc} x & 1 & 2 & 3 & 4 & 5 & 6 & 7 \\ y & 2 & 1 & 4 & 3 & 7 & 5 & 6 \end{array}$$

相関係数を計算するには，まず x と y の各要素が，それぞれ「平均まわりに標準
偏差にして何個分離れているか」を示す量に変換する．変換後のデータを x', y' と
略記する．x', y' をそれぞれ掛け合わせて，それをペア数で割って平均する．出て

きた値が相関である.

x の平均は 4 であり, 2.1.4 項の定義による標準偏差は 2 である. したがって x の各要素の平均からの偏差を標準偏差で割ると,

$$\frac{1-4}{2} = -1.5, \ \frac{2-4}{2} = -1.0, \ \frac{3-4}{2} = -0.5, \ \frac{4-4}{2} = 0,$$

$$\frac{5-4}{2} = 0.5, \ \frac{6-4}{2} = 1.0, \ \frac{7-4}{2} = 1.5$$

を得る. まったく同様の操作を y に対しても繰り返し, ペアごとに変換後の量の積をとったものも整理すると以下の通りになる.

x	1	2	3	4	5	6	7
y	2	1	4	3	7	5	6
x'	-1.5	-1.0	-0.5	0	0.5	1.0	1.5
y'	-1.0	-1.5	0	-0.5	1.5	0.5	1.0
$x' \times y'$	1.5	1.5	0	0	0.75	0.5	1.5

最終行をすべて足してペア数 (7) で平均すると $5.75/7 \approx 0.82$ となり, x と y の相関係数は約 0.82 と計算される.

なぜ相関係数は関連性 (直線関係) の尺度として適切なのだろう. それが図 2.1.6 に示されている. x も y も平均は 4 なので, $x = 4$ と $y = 4$ に破線を引いてある. 座標 (4,4) はデータの重心である. 平均からの偏差に換算すると, データの各点は破線で区切られた 4 つの象限のどこか (場合によっては破線上) に入る.

第一象限 (右上) の点は, x も y も平均より大きいので, $x' \times y'$ はプラス×プラスでプラスになる. 第三象限 (左下) の点は, x も y もともに平均より小さいので, $x' \times y'$ はマイナス×マイナスでプラスになる. したがって $x' \times y'$ を平均した量はプラスとなり, 直線関係が強ければ 1 により近い値をとる.

逆に散布図を描いたときにデータが第二象限 (左上) と第四象限 (右下) に多数プロットされていれば, x' と y' は異符号となりやすく $x' \times y'$ はマイナスとなり, 平均した量はマイナスとなる. 無相関の場合は, こうした傾向なしに各象限にデータが散在している状況であるから, $x' \times y'$ の出方もまちまちで, 平均すると相殺されて 0 に近い値をとる.

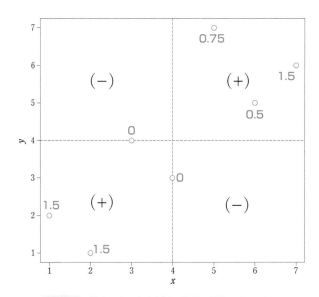

図 2.1.6　散布図上の各点が持つ相関の要素 $(x' \times y')$.

● **b 因果性，交絡因子**

　2 つの変数間に，一方の変数が大きいときにもう一方の変数も大きい（あるいは逆に小さい）といった関係があることを**相関関係**という．国別のチョコレートの消費量とノーベル賞受賞者数の例でいえば，「チョコレートをたくさん食べている国では，ノーベル賞受賞者が多い」ということをいっているにすぎない（1.4.4 項参照）．

　これに対して因果関係とは，2 つの変数間で，一方の変数を変化させたときにもう一方の変数も変化するという関係があることを指す．つまり，**因果性**（causality）に関心があるということは，今の状況を変化させた場合に興味があるということである．チョコレートとノーベル賞の例でいうなら，「国民みんなでチョコレートをたくさん食べるようにすれば，ノーベル賞受賞者が増える」と考えることである．

　チョコレートは生活必需品というよりは嗜好品であるので，裕福な国ほど摂取量が多くなる傾向がある．一方，国が裕福なら教育にお金をかけられるので，人口あたりのノーベル賞受賞者数も多くなるだろう．実際にノーベル賞受賞者数に影響を与えているのは国の裕福さであり，指標としてはたとえば 1 人あたり国内総生産（gross domestic product，GDP）[3] が考えられる．

この例での 1 人あたり GDP のように，原因変数と結果変数の両方に影響を及ぼす要因を**交絡因子**（confounding factor）という．この例では，交絡因子を見落として，見落とした変数と相関のあるチョコレート消費量に着目したばかりに，**疑似相関**（spurious correlation）を見出してしまったわけである．

交絡因子が存在するときは，対象を交絡因子によって層別にするとよい．これにより，同じ層に含まれるものの間では，交絡因子に起因する違いがなくなるか，あるいは小さくなる．こうして層ごとに原因変数と結果変数の関係を求め，それを統合する．

交絡因子による層別の例として，1973 年のカリフォルニア大学バークレー校の大学院入試における性差別の有無を巡る分析を取り上げよう．これは非常に有名なデータで，集計値は以下に示す出所だけでなく Wikipedia でも閲覧可能で，R 言語のパッケージ `lgrdata` には `berkeley` データとして収録されている[4]．

1973 年の入試の概要を性別でまとめたのが表 2.1.3 である．これを見ると，確かに男子学生と女子学生とでは合格率に大きな差があり，「女性は正当な理由なく不合格とされている」という訴訟を起こされるリスクを大学当局が懸念するのも無理はない．

表 2.1.3　1973 年カリフォルニア大学バークレー校における男女別大学院合格率．

	志願者数	合格率 (%)
男子学生	8442	44%
女子学生	4321	35%
合計	12763	41%

しかし，学部別に詳細を観察すると様子が違ってくる．全 85 学部中定員の多い 6 学部（A〜F）に絞って男女別の合格率を示したのが表 2.1.4 である．

表 2.1.4 で見ると，女子学生はけっして合格率が低いわけではなく，男子学生より合格率が高い学部も少なくない．そして注目すべきは，男子学生は合格率の高い A 学部と B 学部に 50%以上の学生が志願し，女子学生は 90%以上が競争の激しい

---

[3] GDP とは一定期間内に国内で産み出された付加価値の総額であり，1 人あたり GDP はそれを人口で割ったものである．

[4] 出典：Freedman, Pisani and Purves (2007), Statistics, 4th ed., W. W. Norton.

表 2.1.4　大学院主要 6 学部の男女別合格率.

学部	合計		男子学生		女子学生	
	志願者数	合格率 (%)	志願者数	合格率 (%)	志願者数	合格率 (%)
A 学部	933	64%	825	62%	108	82%
B 学部	585	63%	560	63%	25	68%
C 学部	918	35%	325	37%	593	34%
D 学部	792	34%	417	33%	375	35%
E 学部	584	25%	191	28%	393	24%
F 学部	714	6%	373	6%	341	7%

C〜F の 4 学部に挑んでいるということである．つまり，学部選択に起因する効果と性別に起因する効果とは交絡しており，学部で層別したことで，男女の合格率には差はないという結論に達したのである．

➤ 2.1.8　母集団と標本抽出

統計学における**母集団**（population）とは，調査対象となる数値や属性などの源泉となる集合全体をいう．**標本**（sample）とは母集団から一部を取り出したものを指し，**標本調査**（sampling）とは，母集団から標本を抽出して調査し，そこから母集団の性質を統計的に推定する方法のことである．

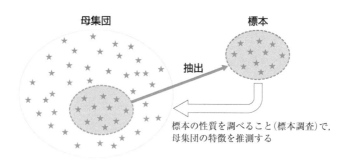

図 2.1.7　母集団からの標本の抽出．

標本調査の例としては，商品などの抜き取り検査，アンケート調査，社会調査や世論調査などがある．これに対して，**国勢調査**（census）は調査対象すべてを調べる**全**

数調査（complete survey）の最たるものである．全数調査は悉皆調査といわれることもある．標本調査においては，標本の一部を抽出して調査することに伴う誤差，すなわち**標本誤差**（sampling error）が必ず生じるが，全数調査においては標本誤差は生じない．

国勢調査は「日本国内の外国籍を含むすべての人及び世帯」を対象として5年に一度実施されるもので，衆議院議員の小選挙区の画定基準や地方議会の議員定数の決定，地方交付税の算定基準など，「法定人口」としてさまざまな場面で利用されているという点で重要である．また，定期的に他の統計の基準となる数値を提供するという側面でも，標本調査を設計する際の基礎としても重要な役割を果たしている．

しかし，すべての統計調査で対象者全員を調査した場合，膨大な費用と手間がかかり現実的でないので，多くの場合標本調査を実施することになる．この場合，どのように標本を抽出するかが重要であるが，**標本抽出法**の実施に先立って，まずは母集団を構成する全員のリストを用意しなければならない．

リストから標本を抽出するやり方の1つが，**単純無作為抽出法**（simple random sampling）である．これはリストに含まれる全員に一連の通し番号をつけ，その中から乱数表などによって得た乱数に従って，ランダムに調査対象を選び出す．

もし母集団が互いに重ならない複数のカテゴリ（層）からなり，層で分割した集団ごとに特徴が異なる場合，母集団を層に分けてから無作為抽出などにより標本抽出を行うことで，標本誤差を減らすことができる．これを**層別抽出**あるいは**層化抽出**（stratified sampling）という．

さて，母集団を構成する全員のリストがあれば上述のような標本抽出は可能であるが，多くの場合このようなリストは存在しない．そうした場合，たとえば国勢調査の調査区の中から，調査の対象とする調査区を一定数無作為抽出法により選び出し，その調査区の中から一部を無作為に選び出して調査することが考えられる．これを**多段抽出法**（multistage sampling）という．

標本調査においては，調査したい母集団をうまく代表するような標本を構成することが重要である．その意味でアンケート調査の多くは，事業者などがそのサービスを受益すると思われる対象に絞って意見を聞くための方法であり，強制力がないぶん，積極的に回答する人と回答を避ける人とで，回答者の傾向に偏りが出ることがある．

➤ 2.1.9 クロス集計表，相関係数行列，散布図行列

一般にデータセットには複数の測定項目や属性が含まれている．ここではそうした複数の変数の関連性を捉える代表的な方法を紹介する．

● a クロス集計表

まず最初は，2つ以上の変数（質的変数であることが一般的）の間の関係を記録し分析するための道具として，**クロス集計表**（cross table)について例を挙げて説明する．同じものを表す別の用語として**分割表**（contingency table)がある．

ここで取り上げるデータは，沈没したタイタニック号に乗船していた 2,201 名について，客室等級，性別，成人か否か，生存者か否かを記録したものである[*5]．ここでは R 言語に含まれる Titanic データを利用する．

タイタニック号沈没に際して，船長は「女性と子供優先」という指示を出したといわれている．表 2.1.5 からも，女性のほうが生存率が高く，船室等級が高いほどその傾向は強いことが読み取れる．

表 2.1.5　タイタニック号乗船者に関するクロス集計表．

等級	性別	死亡	生存
1 等	男	118	62
	女	4	141
2 等	男	154	25
	女	13	93
3 等	男	422	88
	女	106	90
乗員	男	670	192
	女	3	20

● b 相関係数行列，散布図行列

2つの変数が与えられたときに，相関係数をどう計算するかはすでに学んだ．分析に先立って，変数間の関連性の強弱を確認しておくための基本として，ペアごとに計

[*5] 出典：Dawson (1995), Journal of Statistics Education.

算した相関行列を行列形式にまとめることが多い．これを**相関係数行列**（correlation matrix）と呼ぶ．

表 2.1.6 は，2.1.2 項でも取り上げた，32 車種の自動車燃費データとそれに付随する自動車の性能・仕様に関するデータとの相関係数行列を求めたものである．変数 kmpl は燃費（km/L），変数 wtt は車重（トン），変数 qsec は停止状態から 400 m 走行するまでの所要時間（秒）で，値が小さいほど加速性能がよいことを示す．変数 am は変速機が自動（いわゆるオートマ車）か手動（マニュアル車）かを示す 2 値変数で，0 がオートマ車を示す [*6]．

表 2.1.6　自動車の燃費データと関連変数の相関係数行列.

	kmpl	wtt	qsec	am
kmpl	1.000	-0.868	0.419	0.600
wtt	-0.868	1.000	-0.175	-0.692
qsec	0.419	-0.175	1.000	-0.230
am	0.600	-0.692	-0.230	1.000

相関係数行列の対角成分は，自分自身との相関に対応しているので，値は 1 である．また，相関係数の計算においては，たとえば kmpl と wtt でどちらを第 1 変数と見なしても結果は同じであるので，相関係数行列は対称行列（たとえば (2,1) 成分と (1,2) 成分の値は同じ -0.868）となる．

相関係数行列と並んで，データの初期分析でよく用いられるのが**散布図行列**（scatter plot matrix）である．これはデータセットを構成する各変数に関し，ペアごとに描画した複数の散布図を格子上に整列させて（行列様式で）表示したもので，相関係数行列の散布図版といえる．図 2.1.8 に例を示す．

図 2.1.8 の見方であるが，たとえば燃費（kmpl）に他の変数がどのような関連性を示しているのかをひと通りチェックしたいのであれば，散布図行列の 1 行目を横方向に見る．車重（wtt）が重いほど燃費が悪く，400 m までの加速時間（qsec）が短いほど燃費は悪く，変速機（am）はオートマのほうが全体としては燃費が悪いことが読み取れる．

[*6] なお，R 言語の mtcars データでは，車重を表す変数 wt は 1000 ポンド単位で（約 454 kg を 1 単位として）記録されているが，ここではトン（t）に換算している．

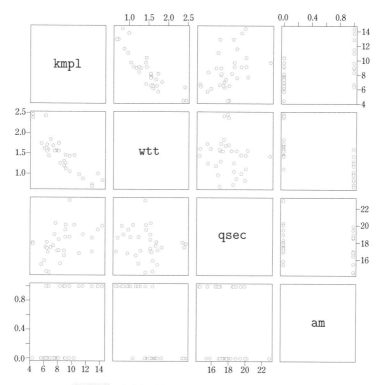

図 2.1.8　自動車の燃費データと関連変数の散布図行列.

➤ 2.1.10　統計情報の正しい理解

　本節を締めくくるにあたって，実際に統計情報に接する際に誇張表現に惑わされず
に適切に理解するための注意喚起と，相関の見方に関する注意を2つの事例で示す．

　最初の事例は，日頃接する経済指標である．2020年11月中旬に内閣府が発表し
た，2020年7〜9月のGDP（国内総生産）は，実質の伸び率が年率に換算してプラ
ス21.4%で，比較可能な1980年以降で最大の伸び率となったことが報じられた．
内閣府は常に伸び率と実額の両方を同時に公表しているが，メディアは伸び率に着
目して報道する傾向がある．さて，バブル経済の真っ只中の1989年10〜12月です
らプラス12.0%だったのに，日本経済はそれを上回る勢いで急激に成長したのだろ
うか？

伸び率が高い一方で，金額ベースで見た GDP（変化率でなくいわば水準）はどうなのだろうか．やはりこういうときには，データをプロットしてみるのが一番である．図 2.1.9 は，2008 年第 1 四半期から 2020 年第 3 四半期までの実質 GDP 季節調整済系列[*7] の時系列プロットである（左が年率換算の伸び率（%），右が金額ベースの水準＝実額（兆円））．

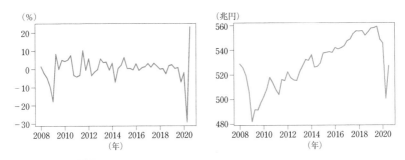

図 2.1.9　季調済実質 GDP の年率換算伸び率（左）と実額（右）．

図 2.1.9 を見ると，高い伸び率は前期（4〜6 月期）の大きな落ち込み（−29.2%）の反動にすぎないこと，金額ベースで「V 字回復」を果たせたかというと，前年の同期に比べて 32 兆円も低いことから，まだ回復途上であることがわかる．

統計数値を見るときは，何と比較してみるかという相対的な視点が重要である．このような時系列プロットであれば，前期や前年同期と比べての視点ということになる．

さて，次の話題は，比率や平均などに基づいて算出した相関についての注意である．図 2.1.10 左は，小学校入学以来の就学年数と年収（100 万円単位）を表す人工データの散布図である．A, B, C はそれぞれ異なる市区町村在住者が回答したという想定である．

これに対して図 2.1.10 右は，左の散布図上のデータを，A 町は A 町で，B 市は B 市でというように地区ごとにそれぞれ平均をとってその値をプロットしたものである．右の図のほうが，就学年数と年収との間に強い直線関係を示唆するように見えるが，元のデータ群にあるばらつきを消してしまったのだから当然である．

私たちは時々，左の図の存在を知らされずに，右の図をある仮説とともに提示さ

[*7] 季節調整済系列とは，時系列データから季節変動分を取り除いたものである．

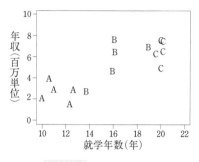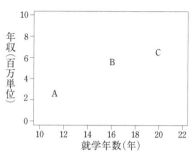

図 2.1.10 就学年数と年収の散布図（左）とグループ平均の散布図（右）.

れることがある．このような，いったん平均したデータを新たにデータだと思って計算した相関を**生態学的相関**（ecological correlation）という．生態学的相関は，関連性の強さを誇張することになるので要注意である．

➤ 2.1 節　練習問題

2.1.1 次の a〜c の量的変数のうち，比例尺度はどれか．正しい組合せとして適切なものを 1 つ選べ．

a. 気温（摂氏）　　b. 速度　　c. 西暦

① a のみ

② b のみ

③ c のみ

④ b と c のみ

⑤ a と b と c はすべて比例尺度ではない

2.1.2 B 大学に今年入学した 1,956 人の 1 年生が，高校までにどのような統計教育を受けたのかを調査するために，その中から無作為に 500 人を選び，調査用紙を配布した．このうち 411 人から調査用紙を回収した．このときの母集団は何か．最も適切なものを 1 つ選べ．

① B 大学で無作為に選ばれ調査用紙を配布された 500 人

② B 大学で調査用紙を回収した 411 人

③ B 大学に今年入学した 1 年生 1,956 人

④ B 大学に今年入学した中から無作為に選ばれ調査用紙を配布された 1
年生 500 人

⑤ B 大学に今年入学した中から調査用紙を回収した 1 年生 411 人

2.1.3　しばしば「毎朝，朝食を食べてくる子供は成績もよい」という主張を耳に
する．では，子供が朝食を欠かさず食べるように習慣づければ，学業成績
はよくなるのだろうか．毎朝食事をとるということと学業成績がよいとい
うことの両方に影響する交絡因子を指摘せよ．

=={ **2.2** }==

データを説明する

データ表現（棒グラフ，折線グラフ，散布図，ヒートマップ），データの図表表現（チャート化），データの比較（条件をそろえた比較，処理の前後での比較，A/Bテスト），不適切なグラフ表現（チャートジャンク，不必要な視覚的要素），優れた可視化事例の紹介（可視化することによって新たな気づきがあった事例など）

　データをグラフや図を使って，わかりやすく表現（**データ表現**）することは，非常に重要である．データを分析することで得られた結果を，なるべく多くの人にわかりやすい形で表現する際に，グラフや図は大変強力な武器になる．これについては，すでに1.4.7項で基本を学んだが，本節では，いくつかの具体的な表現法について，実際のデータ例を見ながら，学習を深めることにする．ここでは，もっぱら，構造化データ（1.2.3項参照）の静的なグラフや図による表現法について説明するが，音声や画像データなどの非構造化データについては，より直接的な表現方法がある．また，構造化データについても，コンピュータやタブレット上でデータを動的に，あるいはインタラクティブに可視化する方法が種々開発されている．

　グラフや図では，どんなに工夫しても元のデータ（表）の持っている情報の一部を捨てざるをえない．情報を簡素化することで，重要な情報を伝えやすくするという意味では，前節で学習した代表値によるデータの要約と同じ目的であるともいえる．よって，何を見る側に伝えたいかをはっきりさせることが重要である．

➤ 2.2.1 データの表現

　どのような図やグラフを使うかは，何を説明しようとしているのかに応じて変わってくるが，次のような視点は重要である．

1) 個体 [*1] そのものの広がり（分布）を説明しようとしているのか，それとも，そこから抽出した（要約された）情報か．
2) 前者ならば，それは全体の傾向なのか，局所的な現象なのか，あるいは異常値・外れ値 [*2] なのか．
3) データの種類は量的なものか，それとも質的なものか．

以下では，頻繁に使われるグラフの種類ごとに，これらの視点を踏まえながら実例を見ていくことにする．

a 棒グラフ・帯グラフ・円グラフ

あるグループ（カテゴリ・クラス・階級など場合に応じて，さまざまな呼び方が使用される）に属する個体の度数は，基本的な情報となる．その情報を伝えるのに頻用されるのが，棒グラフである．一方，それぞれのグループの全体に対する割合を説明したいときには，帯グラフや円グラフがよく使われる．度数もその割合も，要約されたデータである．グループの名前は質的なデータであり，数や割合は量的なデータである．棒グラフ，帯グラフ，円グラフは，質的なデータと量的なデータのそれぞれが1次元で，それら2つを組み合わせて表現していることになる．

図 2.2.1 は，日本を8地域に分けた際の各地域の人口（2018年1月1日の住民基本台帳に基づく）を**棒グラフ**として表現したものである．また，日本全体に対する

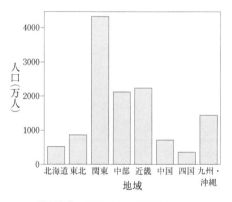

図 2.2.1　棒グラフ：地域別人口．

図 2.2.2　円グラフ：地域別人口割合．

[*1] 表でいうと行に該当．各列（変数）にその個体に関する数字が並んでいると考えればよい．
[*2] 他の個体に比べて，ある変数が非常に大きかったり，小さかったりする個体のことをいう．

各地域の人口の割合を示したのが，図 2.2.2 の**円グラフ**になる．棒グラフでは，地域という質的データが横軸（X 軸），人口という量的なデータが縦軸（Y 軸）に表現されていることになる．一方，円グラフは，人口の情報を各地域の扇形の中心角度で表現しなおしたものになる．もし，仮にカテゴリが地域と男女という組合せの 2 次元データになった場合は，グラフ全体は 3 次元の表現になる．図 2.2.3 は，2015 年の国勢調査をもとに，世帯主の年齢階級と種類別に，世帯の数を数え上げた**柱状グラフ**である．3 次元の図は，2 次元の図に比べて死角が生じやすいので，工夫が必要である．

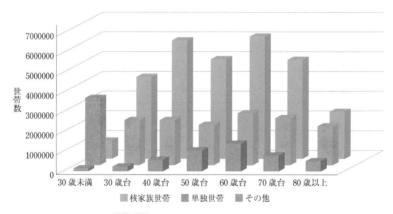

図 2.2.3　柱状グラフ：世帯の類型別数.

◐　b 散布図

1.4.7 項で説明した**散布図**は，「身長」と「体重」というように，1 つの個体の持つ 2 種類のデータを使って，個体のひろがり（分布）を可視化したものである．すなわち，横方向に 1 つのデータ（たとえば「身長」）の値，縦方向にもう 1 つのデータの値（たとえば「体重」）をとることで，1 つ 1 つの個体が，1 つの点として表現されることになる．これは，データのひろがりを図示する方法としては最も基本的な方法の 1 つであり，それぞれのデータの関係性を直観的に説明するための重要な手段である．図 2.2.4 は，世界銀行の 2018 年のデータから，世界各国（全 263 カ国）の GDP（国民 1 人あたり，US ドル）と平均寿命を，それぞれ X 軸，Y 軸にとり散布図を作ったものである．最初に述べた 2) の観点について考えてみる．こ

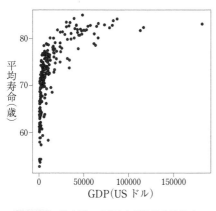

図 2.2.4　散布図：GDP と平均寿命その 1.

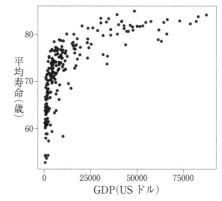

図 2.2.5　散布図：GDP と平均寿命その 2.

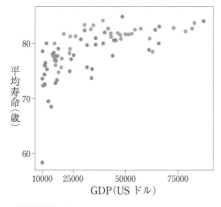

図 2.2.6　散布図：GDP と平均寿命その 3.

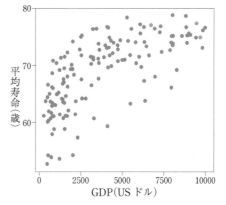

図 2.2.7　散布図 GDP と平均寿命その 4.

の図で，1 人あたり GDP が 10 万ドルを超える国（リヒテンシュタイン・ルクセン
ブルク・イギリス領バミューダ）を外れ値とみなして削除したのが図 2.2.5 である．
GDP と寿命の関係性がよりはっきりしたのがわかる．この図をみると，GDP が低
い国々では，GDP の増加に対する寿命の伸びは著しいが，次第にその伸びは緩や
かになるのが見てとれる．そこで，さらに GDP 1 万ドルのところで国をグループ
分けして，それぞれのグループを見てみたのが，図 2.2.6（1 万ドル以上の国）と図
2.2.7（1 万ドル未満の国）である．図 2.2.6 を見ると，左下に外れ値と判断できそ
うな国（赤道ギニア）が存在することがわかる．また，図 2.2.5 では，GDP 1 万ド

ル以下の国の，GDP 増加にともなう寿命の伸びは非常に急速で直線的に見えたが，X 軸を拡大した図 2.2.7 では，異なった印象を与えるのがわかる．このように，散布図のどこにフォーカスするかで，伝える情報が大きく変わってくる．

　散布図に，個体のもつ別の情報を追加すると，さらに詳しい説明をすることができる．図 2.2.6 と図 2.2.7 では，OECD 加盟国を青点で，非加盟国を赤点で示している．3) の観点から見ると，これらは，連続的なデータ (GDP, 寿命) と離散的なデータ（OECD 加盟・非加盟）を組み合わせていることになる．各個体の ID（国名・番号）を，点の代わりに使用すると，より大きな情報が伝わるが，煩雑で見づらくなるので，コンピュータなどでカーソルをその場所に持っていくと，ID が示されるなどの工夫がなされることも多い．

◉ c 折れ線グラフ

　2 次元データを可視化する方法として，**折れ線グラフ**も重要である．このグラフが最も多用されるのは，データを時間ごとに計測した場合である．この場合，時間データを横軸に，計測されたデータを縦軸にとって点を作るまでは，散布図と同じだが，これを直線でつなぐところに折れ線グラフの特徴がある．これによって，補間（1.4.2 項参照）が可能になり，計測した時間以外にも，計測値のおおよその値が予測できることになる．図 2.2.8 は，2020 年 12 月 1 日の東京の 1 日の気温の動きを 1 時間ごとに計測したものであるが，12 時半に 14 ℃くらいの気温であったことが，折れ線グラフから予測できる．

　折れ線グラフにおいては，計測時間の幅によって，グラフで何を伝えるかが大き

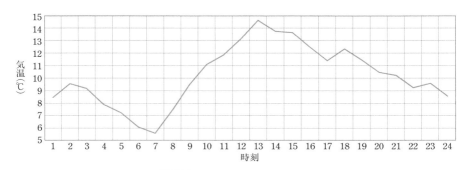

図 2.2.8　折れ線グラフ：気温の変化.

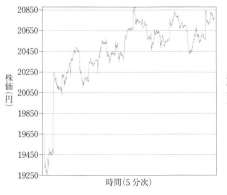

図 2.2.9　折れ線グラフ：株価 5 分次データ.

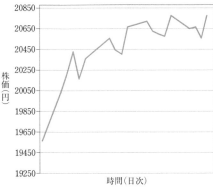

図 2.2.10　折れ線グラフ：株価日次データ.

く変わってくる．2019 年 1 月の日経平均株価の終値の動きを，図 2.2.9 では 5 分単位で，図 2.2.10 では 1 日単位で示している．データの情報量でいえば図 2.2.9 のほうが多いが，結局細かなところまでグラフから読み取ることは難しいこともあり，1 カ月の大きな動きを伝えるという目的ならば，図 2.2.10 で十分である．

● d ヒートマップ

　ヒートマップは，2 次元空間上のデータをわかりやすく図示したものである．2 つの離散的なデータを X 軸，Y 軸方向の座標として表現し，そこに四角形（タイル）をおき，その場所に関する別のデータの大きさを四角形の色調で表現するのが基本的な描きかたである．位置を示す 2 つのデータの変化がどのように 3 番目のデータの変化と関連しているかを示すことに主眼がおかれている．図 2.2.11 は，2019 年の各都道府県間の人口移動数の対数（住民基本台帳人口移動報告より作成）をヒートマップにしたものである．X 軸には移動元の都道府県（数字で表示），Y 軸には移動先の都道府県が示してある．色が明るいものほど，移動が多いことを示している．対角線状の明るい線は，同一都道府県内の移動が多いこと，また左と下に広がる L 字型の明るい帯は，首都圏近郊の県からの全国への流入・流出数が多いことを示している．右上の明るい四角とその外側にある L 字は，福岡を中心とした九州県内の人口移動を示している．ヒートマップは，数字として得られたデータを色に置き換えることで正確な情報を失っている短所もあるが，細かい数字はわからなくなっても，全体的な傾向が瞬時に把握できる長所がある．

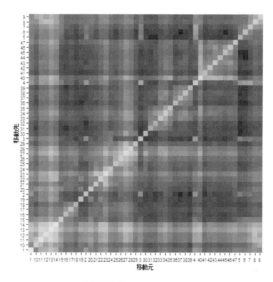

図 2.2.11　ヒートマップ.

　データを図によって表現する**図解表現（チャート化**ともいわれる）は，グラフによる表現よりさらに直観的な方法であり，上手に使えば，見る側に強い印象を与えることができる．細かな情報を伝えるよりも，データ全体の状態を伝えることに主眼がある．図解表現で頻繁に使われるのは，地図とデータを組み合わせたものである．図 2.2.12 は，2019 年の「家計調査」をもとにして作ったもので，豚肉の特化係数 [*3] が 1 を超える県を青色で示している．豚肉を全国平均より消費する地域が，東日本と沖縄であることがすぐにわかる．この場合，各都道府県の特化係数の値は省略されているので，情報量としては少なくなっているが，日本全体の中での東西の地域差を直観的に見る側に伝えている．

　図解表現に関しては，グラフの定型的なパターンよりも自由度が高く，作り手の個性が大きく反映された芸術的側面の強いものが存在する．これらに関しては，実際の図をいろいろと見てみることが一番の学習になる．いくつかのデータ可視化ソフトウェアのウェブページに行くと，そのソフトを使った作品が展示されているの

[*3] 生肉の消費の中で豚肉の消費の占める割合を，さらに全国平均で割ったもの.

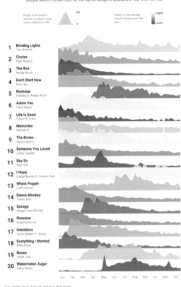

図 2.2.12　図解表現：豚肉の消費傾向.　　図 2.2.13　図解表現：2020 年のヒット曲.

で，これらを紙面ではなく，直接コンピュータやタブレットなどで見るのがよいであろう（カーソルの動きに合わせたインタラクティブな表示になっていることも多い）．たとえば，図 2.2.13 は，2020 年のヒット曲（Billboard Top 20）のグーグルにおける Search Trend（X 軸が日付）を示している[*4]．目盛の欠如など情報が少ない部分もあるが，1 年間の平均を色で表現し，グラフの重なる部分を透過処理して曲をコンパクトに配置するなどの工夫がされており，単純な折れ線グラフより強い印象を見る側に残すものになっている．

　データの広がりの主要な指標をわかりやすく図示したものに**箱ひげ図**がある．データの四分位数[*5]を，箱の上辺，箱内の線，箱の下辺で表現し，そこからルールに従って「ひげ」と呼ばれる線を延ばす[*6]ことで，データの分布を直観的に把握できるよ

[*4] 「Tableau Public Gallery」より引用．https://public.tableau.com/ja-jp/gallery/most-successful-songs-2020?tab=viz-of-the-day&type=viz-of-the-day

[*5] データを順番に並べておおよそ四等分したときの境目の値．下から第一四分位，中央値，第三四分位と呼ぶ．

[*6] いくつかのルールがあるが，箱の外に第三四分位と第一四分位の差の定数倍のひげを引き，さらにその外側のデータは点で表すといったルールがよく使われる．

うにしている（図 2.2.14）.

➤ 2.2.3　データの比較

　データを何らかのグループ（カテゴリ）に分けて，それぞれのグループごとにグラフ・図示を行った場合，それらをわかりやすい形で比較すると分析の役に立つ．**データの比較**をするためには，単にグループごとの図やグラフを並べるのではなく，**条件をそろえた比較**をすることが大事である．各グループごとのデータの分布を比較するためには，箱ひげ図を並べて比較する方法がよく使われるが，共通の目盛を使って比較するとその対比がはっきりする．図 2.2.14 は，4,177 匹のアワビの性別（メス・未分化・オス）ごとの体長の分布から作った箱ひげ図を共通の Y 軸（体長）を使って並べたものである．未分化の状態のときの体長は明らかに小さいが，成長後のメスとオスの間には大きな差がないことが見てとれる．

　あること（「**処置**」「**処理**」という言い方がよく使われる）をしたときとしなかったときにどのような差が生まれるかを見ることは，因果関係（1.4.4 項参照）を検証するための基本的な方法である（**A/B テスト**などと呼ばれる）．薬を投与した場合としなかった場合の治療効果の比較，宣伝をした場合としなかった場合の売上の比較などが代表的なものである．タンザニアの 2 つの地域（Rufiji と Morogoro）で実験的に行った健康に関する施策（"TEHIP"）の効果を示したグラフが，図 2.2.15

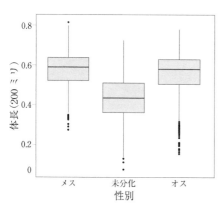

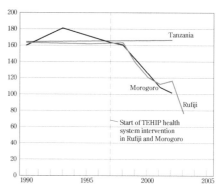

図 2.2.14　箱ひげ図による比較：アワビの体長.

図 2.2.15　施策の効果：タンザニアの例.

である[7]．2つの地域で，5歳未満の子供の死亡者数（1,000人あたり）が施策の前後でどれくらい変化したかを示した折れ線と，同時期のタンザニア全体での死亡者数の折れ線をともに示すことで，この施策の有効性を表現している．

➤ 2.2.4　不適切なグラフ表現

不適切なグラフ表現や過剰な図示（**チャートジャンク**などと呼ばれる）をすることによって，情報が適切に伝わらなくなることもあるので注意しなければいけない．いくつかの例を見てみることにする．

図 2.2.16 と図 2.2.17 は，同じデータ（ある大手建設企業の 4 年間の売上高の変化，単位は億円）を示している．図 2.2.16 では，売上高の目盛をゼロからとっているが，図 2.2.17 では，13,500 からとっている．17 年度を基準にしたとき，20 年度の売上の伸びは 18%にすぎないが，図 2.2.17 のグラフでは数倍に伸びているような印象を与えている．

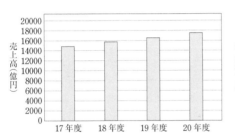

図 2.2.16　原点を含む棒グラフ：売上高その 1.

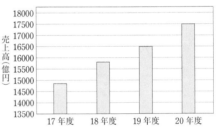

図 2.2.17　原点をふくまない棒グラフ：売上高その 2.

多くの情報を一度に伝えようとして，**不必要な視覚的要素**まで加えてしまい，かえって見づらいグラフ・図になってしまうことも多い．すべての情報をグラフや図につめこもうとするのではなく，元データ（表）との役割分担を考えて，取捨選択すべきである．図 2.2.18 は，2015 年の都道府県ごとの人口（X 軸）と公民館数（Y 軸）を散布図で示したものである．1 つ 1 つの都道府県がどこにあるかを伝えるために，点の代わりに都道府県名を使っている．どの都道府県が異常値（たとえば長野県や東京都）であるかの情報がすぐに伝わる点ではよいが，都道府県が密集して

[7] https://idl-bnc-idrc.dspacedirect.org/bitstream/handle/10625/9403/IDL-9403.pdf?sequence=1
より引用.

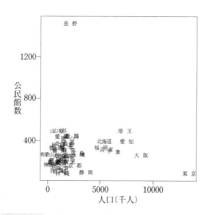

図 2.2.18　情報過多なグラフ：人口と公民館数.

いるあたりでは名前が重なりすぎて，本来のデータの位置が正確にわからなくなっている．異常値と思われる都道府県のみ名前を付加して，それ以外の都道府県は点だけで表すのが適切である．

　ヒストグラムの1つ1つの階級の幅のとり方も，よく問題になるポイントである．階級幅をあまりに細かくとってしまうと，その階級に属する個体の数が少なくなり，データ全体の傾向がわかりにくくなってしまう．一方で，階級幅を大きくとりすぎると本来のデータの持っている情報を損ねてしまう．そのため，いくつかの「公式」も提案されており，ソフトウェアの中には公式に従って階級を自動的に割り振って

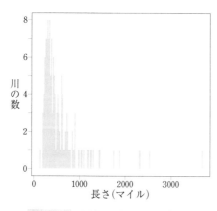

図 2.2.19　河川の長さのヒストグラム（階級幅 20）.

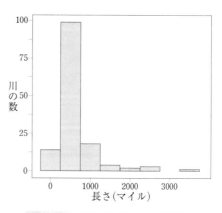

図 2.2.20　河川の長さのヒストグラム（階級幅 500）.

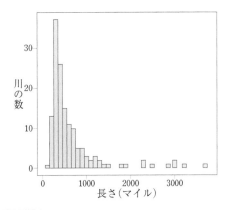

図 2.2.21 河川の長さのヒストグラム（階級幅 100）.

くれるものも多いが，これらの公式は万能ではないので，自分でいろいろ階級のとり方を変えてみて，できあがりの図を比較して判断するのがよいであろう．図 2.2.19, 2.2.20, 2.2.21 の 3 つは，北米の主要な 141 の河川の長さ（マイル）をヒストグラムにしたものであり，階級幅を 20, 100, 500 の 3 通りに変えている．図 2.2.19 では，階級幅が細かすぎて全体の傾向がつかみにくくなっており，図 2.2.20 では，階級幅が広すぎて情報がかなり減ってしまっている．よって，図 2.2.21 が 3 つの図の中では最も適当であろう．

➤ 2.2.5 優れた可視化の例

　グラフや図の価値は，元のデータ（表）では伝わらないもの，伝わりにくかったものを伝えることにある．この意味で**優れた可視化の事例**を見てみることにする．

　最初に，図 2.2.4 を再度見てみる．元のデータで世界 263 カ国の GDP（1 人あたり）と平均寿命を見ても，おそらくこの 2 つの全体的な傾向は把握できないであろう．しかし，この散布図を見ると，大きな傾向，特に GDP が低いうちは，GDP が伸びると平均寿命が急速に伸びるが，GDP が高くなると寿命の伸びはゆっくりになるという傾向がよくわかる．この傾向を散布図から読み取り，GDP を対数変換した後に改めて散布図を書きなおしたものが，図 2.2.22 である．図 2.2.4 では異常値に見えた 3 カ国も含めた全体に関して，対数 GDP と寿命の間に直線的な関係があることがわかる．なお，詳しい説明は省くが，図中の直線とそのまわりの帯は，「回

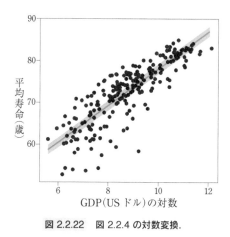

図 2.2.22　図 2.2.4 の対数変換.

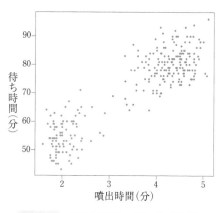

図 2.2.23　図によるグルーピング：間欠泉.

帰直線」（1.4.2 項参照）とそれにまつわる「信頼区間」と呼ばれるものである．このように，図の中に，分析結果を加えて表示することで，その分析の妥当性を検証することは，頻繁に行われるやり方である．

　次の例は，「Old Faithful」という名前でよく知られたアメリカにある間欠泉の例である．1 回 1 回の噴出時間（分）を X 軸に，次の噴出までの待ち時間（分）を Y

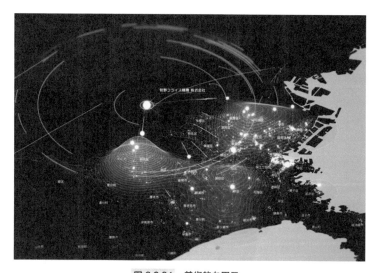

図 2.2.24　美術的な図示.

［提供：株式会社帝国データバンク「LEDIX」（https://ledix.jp）］

軸にとって，散布図にしたものが，図 2.2.23 である．図示によって大きく 2 つのグループ，噴出時間が 3 分より長いグループ（赤点）と短いグループ（青点）に分かれるのが確認できる．このように，同じデータ内に実際は複数のグループのデータが混在していることは，図示によって初めてわかることも多い．

　最後に，細かな情報はデータ（表）にまかせ，美術的な効果を優先して見る側に強い印象を残すことを意図した例を紹介する．図 2.2.24 は，神奈川県のある企業の域外取引の大きさを天気予報の台風のような図形（赤色）で示したり，域内への経済的な波及効果を立体図（青色）で表示している例である．

➤ 2.2 節　練習問題

2.2.1 データ表現に関する以下の文章で正しいものを選べ．

① 棒グラフの縦軸は，スペース節約のためになるべく短くするようにすべきである．

② 散布図を描くときは，1 つ 1 つの点がどの個体かわかるように必ず個体の ID を付け加えるべきである．

③ 散布図を描くときは，X 軸と Y 軸の目盛のとり方に注意すべきである．

④ ヒストグラムを描くときは，階級の幅よりも，棒の高さに注意すべきである．

⑤ グループごとに描いた箱ひげ図では，必ずひげの先端をそろえるべきである．

2.2.2 図 2.2.4〜2.2.7 の 4 つの散布図（とその解説文）から読み取れることとして正しいものを選べ．

① ルクセンブルクは OECD に属している．

② OECD 加盟国の多くは，1 人あたり GDP が 1 万ドルを超えている．

③ 赤道ギニアは，平均寿命が 70 歳以上である．

④ 世界全体で見たときに，平均寿命と 1 人あたり GDP には，ほとんど相関がない．

⑤ 1 人あたり GDP が増えたときの平均寿命の伸びは，世界のどの地域でも同じくらいである．

{ 2.3 }
データを扱う

 キーワード データの集計（和，平均），データの並び替え，ランキング，データ解析ツール（スプレッドシート），表形式のデータ（csv）

本節では，表形式のデータに対しマイクロソフトの Excel（エクセル）をデータ解析ツールとして取り上げ，「データを扱う」方法の基本を説明する．統計センターが提供しているデータセットを利用して，具体例に基づきながら，データの集計，並べ替え，ヒストグラムや散布図の描き方を説明する．

➤ 2.3.1 表形式のデータ

図 2.3.1 に示すのは，2015 年度の東北 6 県の総人口（人），年平均気温（°C），年間降水量（mm），世帯あたり消費支出（円）である [*1]．

さて，図 2.3.1 を観察すると，文字あるいは数値がコンマ（,）で区切られながら，列方向（縦方向）は変数（県名，総人口など）を表し，行方向（横方向）については，1 行目が変数のラベルとなっていて，2 行目以降の各行が個体ごとに観測された変数を表していることがわかる．

文字・数値が入り混ざっているが，全体としてみれば 7 行 5 列にデータ，変数名などが格納されている．このようなデータは**表形式のデータ**と呼ばれる．数学でいう「行列」の形式になっていると見ることもできる．また，このように各要素がコンマ（,）で区切られた値（comma separated value）となっていて，1 つのレコードが終わると改行されている形式のファイルは，コンマ区切りファイルないし **csv ファイル**と呼ばれ，ファイルに拡張子をつけるときは csv とつける [*2]．

[*1] データの出典は，総人口については総務省統計局「国勢調査」，年平均気温と年間降水量は気象庁観測部「過去の気象データ」，消費支出（2 人以上の世帯）は総務省統計局「家計調査」である．

[*2] なお，図 2.3.1 は Windows OS 標準装備の「メモ帳」で csv ファイルを開いた様子を示しているが，メモ帳では各行の改行コードは，存在しているが表示されない．

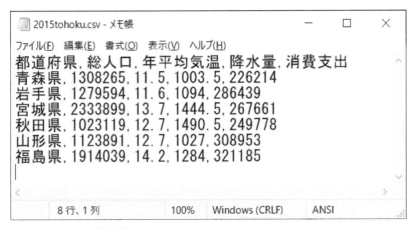

図 2.3.1　2015 年度東北 6 県の総人口などのデータ.

➤ 2.3.2　データ解析ツール

　前項では csv ファイルをあえてテキストエディタで開いたが，データの集計・分析などの目的で csv ファイルを開くときは，何らかの表計算ソフトウェア（**スプレッドシート**）を用いる．ここではその代表的なツールとしてマイクロソフトの Excel（エクセル）を使う．

　図 2.3.2 に，今の例の csv ファイルを Excel で開いたときの様子である．7 行 5 列のデータがマス目に沿って見やすく整えられていることがわかる．1 つ 1 つのマス

図 2.3.2　Excel で開いた csv ファイル.

目のことをセル（cell）と呼ぶ.

　スプレッドシートは，ただ単にデータを見栄えよく眺めるためのものではない.
複数のセルにわたる操作や計算を行い，必要な場合は結果を空いているセルに格納
することができる. また，操作や計算に対応する関数が複数組み込まれており，標
準装備の関数だけでも多くの分析ができる.

➤ 2.3.3 SSDSE データを扱う

　これまでは説明の都合上非常に小さなデータセットで話を進めたが，ここからは，
独立行政法人 統計センターがデータサイエンス教育のための汎用素材として公表
している統計データ「教育用標準データセット（SSDSE)」を用いる. SSDSE は,
主要な公的統計の地域別データを表形式に編集したもので，SSDSE のウェブサイ
ト（https://www.nstac.go.jp/SSDSE/）からダウンロード可能である. たとえ
ば 2020 年度版 SSDSE では以下の 3 種類が提供されている.

- SSDSE-2020A：市区町村別データ（1,741 市区町村 ×125 項目）
- SSDSE-2020B：都道府県別・時系列データ（47 都道府県 ×12 年次 ×107 項目）
- SSDSE-2020C：都道府県庁所在地別 家計消費データ（47 都道府県庁所在地 × 約
  200 項目）

● a データの集計

　ではまず SSDSE-2020B を Excel で開いてみよう. データセット B では都道府県
ごとの 107 項目のデータが，各都道府県で 12 年次にわたって収録されている. 実
際にファイルを開いた様子を示す図 2.3.3 を見るとわかる通り，たとえば北海道に
関して 2017 年度を最新時点として 2006 年度までの 12 年分の値が表形式で与えら
れたあと，青森県のレコードが 12 年分続く，という構造になっている.

　ここではまず，2015 年度の 47 都道府県の人口の合計を求める問題を考えよう.
シート上の 2015 年度のデータだけを抽出するには，「データ」タブに含まれる「フィ
ルター」を起動する. 図 2.3.4 はフィルターボタンを押したところであるが，第 1 行
の各セルの右下に下向きの三角記号でプルダウンメニューのボタンが出ていること
に注意しよう.

　A1 セル（Year）右下の三角記号を押すと，選択した値を持つ行だけを表示させる

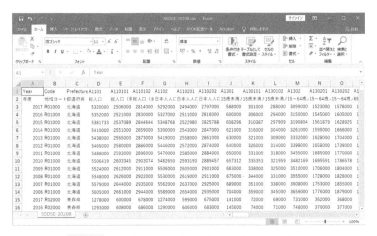

図 2.3.3 Excel で開いた SSDSE-2020B.csv ファイル.

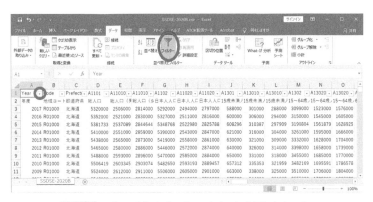

図 2.3.4 「データ」タブの「フィルター」を押したところ.

ためのチェックボックスが現れる．そこで「2015」と「年度」という値だけをチェックする[*3]（図 2.3.5）．

　以降は 2015 年度のデータしか使わないので，C2 セル（都道府県）から DF557 セル（沖縄県の「その他の消費支出」）までを新しいシートにコピーしてしまおう（図2.3.6）．その結果，48 行 108 列の表形式データができあがる．

　セルの選択は，Shift キーを押しながらカーソルキーで範囲を指定するのが基本であるが，行数・列数が多い表形式データに対しては効率のよい操作がある．左上

[*3] 「年度」も選ばないと，変数を具体的に示した 2 行目がシート上表示されなくなってしまう．

168

図 2.3.5　フィルターによるデータの絞り込み.

	A	B	C	D	E	F	G	H	I	J	K	L	M	N	O
1	都道府県	総人口	総人口（男	総人口（女	日本人人口	日本人人口	日本人人口	15歳未満人	15歳未満人	15歳未満人	15～64歳人	15～64歳人	15～64歳人	65歳以上人	65歳以上人
2	北海道	5381733	2537089	2844644	5348768	2522980	2825788	608296	310387	297909	3190804	1561879	1628925	1558387	651286
3	青森県	1308265	614694	693571	1302132	612113	690019	148208	75661	72547	757867	373796	384071	390940	158837
4	岩手県	1279594	615584	664010	1272745	613118	659627	150992	77222	73770	734886	373365	361521	386573	160565
5	宮城県	2333899	1140167	1193732	2291508	1119800	1171708	286003	146491	139512	1410322	711994	698328	588240	254066
6	秋田県	1023119	480336	542783	1017149	478034	539115	106041	54137	51904	565237	281593	283644	343301	139825
7	山形県	1123891	540226	583665	1116752	538070	578682	135760	69353	66407	639336	322538	316798	344353	145655
8	福島県	1914039	945660	968379	1898880	939391	959489	228887	117321	111566	1120189	579554	540635	542384	233988
9	茨城県	2916976	1453594	1463382	2862997	1428192	1434805	364351	186926	177425	1747312	900635	846677	771678	346608
10	栃木県	1974255	981626	992629	1927885	962176	965709	252836	129488	123348	1203616	621806	581810	508392	224907
11	群馬県	1973115	973283	999832	1930380	952638	977742	250884	128450	122434	1187680	596669	591111	540026	238250
12	埼玉県	7266534	3628418	3638116	7111168	3553767	3557401	910805	466718	444087	4507174	2312460	2194714	1788735	812816
13	千葉県	6222666	3095860	3126806	6047216	3010553	3036663	762112	390766	371346	3779812	1930763	1849049	1584419	718312
14	東京都	13515271	6666690	6848581	12948463	6388206	6560257	1518130	776017	742113	8734155	4285620	3005516	1301049	
15	神奈川県	9126214	4558978	4567236	8887304	4437047	4450257	1140748	583535	557213	5744383	2961819	2782564	2158157	964254
16	新潟県	2304264	1115413	1188851	2289345	1109570	1179775	275945	141466	134479	1333453	676493	656960	685085	291629

図 2.3.6　2015 年度分だけを新たに Sheet1 にコピーした様子.

隅（C2 セル）で Shift + Ctrl キーを同時に押しながら「右矢印（→）」キーを押すと右端までのセルが選択できる．ここでさらに「下矢印（↓）」キーを押すと下端までのセルが選択できる．

では，2015 年度の 47 都道府県の人口の和を求めよう．2015 年度分のみをコピーした新たなシートでは総人口は B 列であるので，沖縄県の総人口（B48 セル）の下

に和を計算した結果を入れるのが見やすいだろう．そこで B49 セルを選択し，そこに英文半角で=SUM(B2:B48) と入力して Enter キーを押すと，都道府県別総人口の和が求まる．結果は 127094745 である．

SUM 関数は，指定された範囲のセルの値を合計して返す．「B2 セル（北海道）から B48 セル（沖縄県）まで」という範囲を B2:B48 のようにコロン（:）で指定する．入力した計算式が，シートの上の「数式バー」に表示されていることにも注意しよう．

次に，CT 列の「消費支出（2 人以上の世帯）」に着目し，その平均を求めてみよう．選択範囲の平均値を求める関数は AVERAGE であるので，CT49 セルで=AVERAGE(CT2:CT48) としてみよう．消費支出の全国平均として 286153.1（円）が返ってくる．

SUM の場合は B49 セルで，AVERAGE の場合は CT49 セルにおいて，「数式」タブの「オート SUM」ボタンを利用すれば，いま手入力した計算式が手軽に自動入力できる（図 2.3.7）．ただし，和の場合は「合計（S）」を，平均の場合は「平均（A）」を選択する．重要なのは計算結果を格納する空きセルの位置である．測定項目別にはデータは列方向に並んでいるので，その列直下の空きセルでオート SUM ボタンを押すことで，Excel にどの範囲を計算対象としているのかを暗に示していることになる．

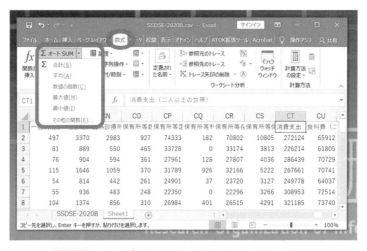

図 2.3.7　数式タブのオート SUM ボタンからの関数呼び出し．

最後に，CT 列「消費支出（2 人以上の世帯）」の中央値（median）を求めよう．
用いる関数は MEDIAN である．仮に CT 列の平均を CT49 セルに格納したとして，た
とえばその下の CT50 セルで=MEDIAN(CT2:CT48) としてみると，282808（円）が
返ってくる．

● b データの並べ替え，ランキング

今度は SSDSE-2020C を使おう．このデータセットは，総務省「家計調査」のデー
タを編集したものである．収録データは，家計調査の 2 人以上の世帯の，都道府県
庁所在地別，品目別（食料の全品目），1 世帯あたり年間支出金額（2017〜2019 年
の平均値）である．表形式のデータとしては，50 行 230 列となっている．

ここで項目名「ぎょうざ」に注目しよう．データ項目のコードは LB092007, Excel
においては GE 列である．

変数のいずれかをキー変数に指定して，その順序でデータレコード全体を並べ替
えるには，「データ」タブの「並べ替え」ボタンを押す（図 2.3.8）．そうすると「並
べ替え」というタイトルのウィンドウがポップアップすると同時に，値の入ってい
るセルすべてが自動的に並べ替えの対象範囲として選択される．ここで，優先され
るキーとして LB092007 を指定し，順序は「大きい順」を選択する．「OK」を押す
とポップアップウィンドウが閉じて，GE 列が降順になっていることがわかる．

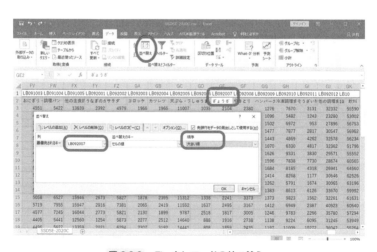

図 2.3.8 データレコードの並べ替え.

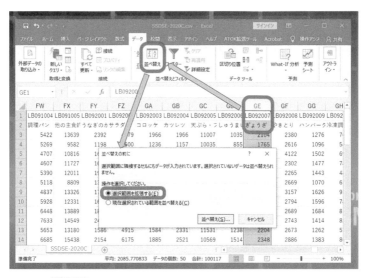

図 2.3.9　列指定のあとに並べ替えボタンを押したときの挙動.

　もし並べ替えのキー変数である「ぎょうざ」を列指定した状態で「並べ替え」ボタンを押してしまうと，まず「並べ替えの前に」というポップアップウィンドウが表示されるが，ラジオボタンで「選択範囲を拡張する」を選んで「並べ替え（S）...」ボタンを押すと，図 2.3.8 の状態に帰着する（図 2.3.9）.

　ぎょうざへの支出が大きい都道府県庁所在地は，並べ替えた後でB列ないしC列を見るとよい．第 1 位は宇都宮市，第 2 位は京都市，第 3 位は宮崎市である．また，同様に並べ替え後のB列・C列を観察すると，「全国」が 16 位になっていることから，15 位の仙台市までは全国平均より多くぎょうざに対する支出があることが読み取れる.

◉ c ヒストグラム

　SSDSE-2020C を使って，Excel でヒストグラムを描いてみよう．ここでは Excel シートの HG 列，項目コード LB110007 の「チューハイ・カクテル」を取り上げよう．まず，変数の指定は列番号の HG をクリックすればよい．変数記号（HG1 セル）や変数名（HG2 セル）を含めて指定しても，これらはデータ本体ではないと自動的に区別される．ここで「挿入」タブから「統計グラフの挿入」ボタンを押して，ヒ

図 2.3.10　Excel シートへのヒストグラムの挿入.

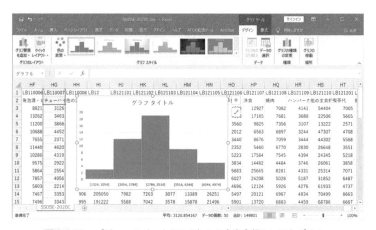

図 2.3.11　「チューハイ・カクテル」への支出金額のヒストグラム.

ストグラムを選ぶとよい（図 2.3.10）.

　実際にシートにヒストグラムを挿入したのが図 2.3.11 である．HG1 セルと HG2 セルにはピンクのシェードがかかっており，ブルーのシェードのかかったデータ本体とは区別されていることが見てとれる．ヒストグラムを描く対象となっているのは，HG3〜HG50 である．

▶ d　散布図

　SSDSE-2020C を使って，Excel で散布図を描いてみよう．横軸にはりんごに対する支出（DS 列，項目コード LB061001）をとり，縦軸にはグレープフルーツに対する支出（DU 列，項目コード LB061003）をとろう．変数の指定は，DS 列を選択し

た後で, `Ctrl` キーを押しながら DU 列を選択するとよい.

ここで「挿入」タブから「散布図 (X, Y) またはバブルチャートの挿入」を押す
と, 散布図とバブルチャートのタイプが選べるので, 左上隅の最も基本的な散布図
を選択しよう (図 2.3.12).

図 2.3.13 は散布図を挿入した様子を示している [*4]. 図を見ると, りんごへの支出
額が 6,500 円程度までの範囲では, りんごとグレープフルーツへの支出には正の相
関が見られるが, りんごへの支出が突出している県がいくつかある. りんごへの支

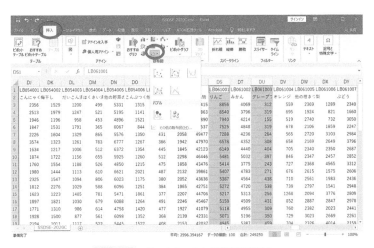

図 2.3.12　Excel シートへの散布図の挿入.

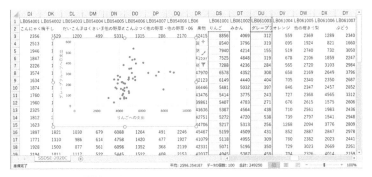

図 2.3.13　りんご × グレープフルーツの散布図.

[*4] 見やすさを考えて, 軸ラベルは手動で加えてある.

出で並べ替えると，上位6市は盛岡市，青森市，長野市，秋田市，福島市，山形市であり，いずれもりんごの生産量の多い土地である．こうした地域は，地産地消でりんごを消費する水準が，他の都道府県とは大きな違いがあり，別扱いする必要があると思われる．

➤ 2.3節　練習問題

2.3.1 SSDSE-2020B で 2015 年度の都道府県別総人口を合計するとき，フィルターで絞り込んだデータをいったん別シートにコピーして分析した．フィルターで不要なレコードを非表示にした状態で人口の合計を求めるには，どういう関数を利用したらよいか．（ヒント：D567 セルでオート SUM を起動してみよう．）

2.3.2 SSDSE-2020C で，項目コード LB013001「生うどん・そば」への支出額のヒストグラムを描け．突出して支出金額の多い都道府県庁所在地はどこか？　列を並べ替えることで特定せよ．

第 3 章

[心得]データ・AI利活用 における留意事項

データサイエンスにおいて AI がエンジンとすれば，燃料の役割を果たすのがデータである．データの中でも特に注意深く扱わなければならないのが，個人データである．本章では，主に個人データに関して，倫理的，法制度的ないし社会的な留意事項，すなわち ELSI に関して説明する．特に AI に関しては，AI 倫理の基本概念を学ぶ．次に，情報セキュリティ，個人情報保護に関する技術的側面について述べる．これらを通して，データをAI で扱う場合の留意事項の基礎を学ぶ．

={ 3.1 }=
データ・AIを扱う上での
留意事項

 ELSI（Ethical, Legal and Social Issues），個人情報保護，EU 一般データ
保護規則（GDPR），忘れられる権利，オプトアウト，データ倫理（データの
ねつ造，改ざん，盗用，プライバシー保護），AI 社会原則（公平性，説明責
任，透明性，人間中心の判断），データバイアス，アルゴリズムバイアス，AI
サービスの責任論，データ・AI 活用における負の事例紹介

　データを扱う技術として AI が一般化してきているが，AI の強力さ，応用可能性
の広さから見て，AI でデータを扱う場合には，留意すべき事項が多い．データを扱
う場合に守らなければならない法制度について，GDPR（一般データ保護規則）な
どの現行の法制度の考え方を説明する．次に，AI でデータを扱う場合に留意すべき
ことをまとめた AI 倫理，とりわけ説明可能性，アカウンタビリティ，トラストの概
念を学ぶ．最後に，社会的に重要な概念である公平性についてデータサイエンスの
観点から俯瞰する．

➤ 3.1.1 ELSI

　ELSI（Ethical, Legal and Social Issues）は倫理，法律および社会的影響の頭文
字をつなげた表現である．ELSI はデータサイエンスに限らずすべての技術分野で
考慮すべきことである．データサイエンスは，AI や機械学習を介して社会の多岐
にわたる分野で使われるようになってきている．よって，データサイエンスにおい
ても ELSI を意識しなければならない．

　ELSI の中でもわかりにくい倫理という概念をまず説明しておこう．通常，倫理
とは人間として行ってよいこと，行ってはいけないことを表す．データサイエンス
が社会に浸透している今日において，データサイエンスの倫理とは，データサイエ
ンスを使う場合に，行ってよいこと，行ってはいけないことを意味する．これは人

間として行ってよいこと/いけないことを意味する通常使われる倫理のうち特にデータを扱う場合に意識すべき倫理である．特に社会の隅々まで影響が及ぶようになったAIの倫理[*1]とは，AIが社会におけるサービスとして実際に利用される場合の責任の所在，すなわち**AIサービスの責任論**（AI service's responsibility）についての指針を示すことである．

　倫理的に議論を呼ぶ例として，顔認証システムについて考えてみよう．顔認証システムはパソコンにログインするときのパスワードの代わりに，そのパソコンの利用者識別確認に使われることがある．また，空港でのパスポートチェックにおいて，本人の顔とパスポートの顔写真を自動照合することに活用されている．

　これらは有益な利用法だが，問題のある使い方もある．たとえば，図3.1.1に示すようにコンビニエンスストアのチェーンの全店舗で万引き防止のために店内カメラを設置して顔認証システムを導入したとしよう．店内カメラをチェックした店員がある人物が万引きしたと認識し，顔認証システムによってこの人物を識別できる特徴データを抽出する．この顔特徴データを同じチェーンの全店舗に配布し，他の店舗でその人物が入店したら，警報を出すようにしたとしよう．この方法は万引き

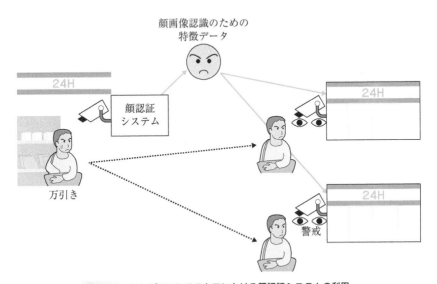

図3.1.1　コンビニエンスストアにおける顔認証システムの利用.

[*1] AI倫理（AI ethics）と呼ぶことが多い.

の再犯防止には効果的だと思われるが，出来心で 1 回だけ万引きした学生がどこの店舗でも常に店員に疑い深くジロジロ見られたり，店員につきまとわれたりするのは，万引きは犯罪であるにしても，やりすぎかもしれない．もし最初の万引き行為の認識が誤認だったとすれば，誤認された人にとってはとんでもない濡れ衣を着せられたことになってしまい，社会的にも精神的にも被害甚大である．また，顔認証システムの認識性能は現在でも 100％ではないため，誤認識される可能性は残っている．このような顔認証システムの利用法は果たして倫理的かどうかは意見の分かれるところなので，じっくり考えてみてほしい[*2]．

➤ 3.1.2 一般データ保護規則：GDPR

データ流通の手段としてインターネットが一般に使われるようになった今日，EU[*3]では個人データの保護を目的として**一般データ保護規則**（General Data Protection Regulation，GDPR）が 2018 年 5 月 25 日から施行されている．GDPR は EU 域内の国民の個人データを全世界で守ることを他国に要請している．さらに日本国内においても EU 域内の国民の個人データに関してはこれを保護しなければならない．いうまでもないが，日本企業が EU 域内で事業をするときには GDPR を厳守しなければならない．

例を図 3.1.2 に沿って説明する．コマツ製作所はパワーショベルなどの重機の国際的メーカーである．コマツ製作所製の重機の特徴は，重機の移動や動作状況のデータを衛星経由で日本国内にある関連部署に送り，重機の点検・保守などを日本から行えること，あるいは部品の交換を指示して，安定した重機の利用状態を提供できるところにある．重機が EU 域内でも使われている場合，重機の動作状況データが日本に送られるということは，運転者や操作者のいる居場所情報も日本に送られることを意味する．つまり，EU 域内の国民である運転者や操作者の個人データである居場所情報が日本に送られる可能性がある．そうなると，これらの個人データは GDPR によって保護されなければならない．

別の例として日本の自動車メーカーが EU に輸出した車を EU 在住の人が運転している場合を考えてみよう．車のメンテナンス目的あるいは将来の開発のための基

[*2] ちなみに EU では公共の場所での顔認証システムを否定する意見が多い．個人には行動の自由があり，顔認証システムで居場所を常時監視されているのは，プライバシーの侵害になると考えられている．
[*3] European Union（欧州連合）．

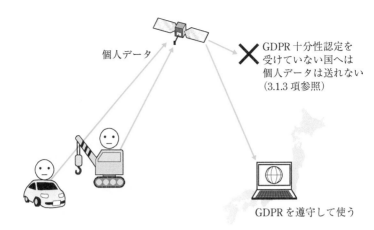

個人データ

GDPR 十分性認定を
受けていない国へは
個人データは送れない
(3.1.3 項参照)

GDPR を遵守して使う

図 3.1.2　EU から日本に個人データ（重機や自動車の位置データ）を持ち出せるか？

礎データ収集の目的で走行データを日本にある自動車メーカーに送るとしよう．この場合もコマツの例と同じように運転者の位置情報すなわち個人データが日本に送られることになるので，その個人データを利用したければ GDPR を守らなければならない[*4]．

　ところで，「個人の居場所は保護対象になる重要な個人データなのか？」という疑問があるかもしれない．日本にいると気づきにくいが，欧米などでは個人が信じる宗教は，時として個人への差別的扱いを生むことがある．居場所情報から特定の宗教施設への頻繁な出入りが露見してしまうと，その人が信仰する宗教を推定されるかもしれない．このような理由で個人の居場所情報はきわめてセンシティブな個人データと考えられている．

> **Memo　GDPR はプライバシー保護にあらず**
>
> 　法律の名称からもわかるように GDPR は個人データを保護するものであり，プライバシーを保護するものではない．プライバシーという概念は 3.2.3 項で説明するように時とともに移り変わってきているので，保護の概念も変化してきている．一方，個人データは保護対象として曖昧性なく定義でき，保護の概念も明確にできる．

　GDPR の目的は，個人データを扱う場合において，個人の人権および個人データ

[*4] 3.1.3 項で述べるように，そもそも EU 域内の個人データを EU 域外の日本に送ってよいかどうかという問題がある．

の保護を目的とすると同時に，個人データの流通の在り方も示すことである．

　GDPR では個人データを利用してよい場合，いけない場合を以下のように列挙している．

利用してよい場合：
- 犯罪捜査のように法律で定められた場合
- 示された利用目的に個人が同意した場合

利用してはいけない場合：
- データ収集された個人に無断で，同意された目的以外の目的で利用すること[*5]

　個人データを収集して管理したり，利用したりしている事業者は多い．検索エンジンや SNS などのいわゆる IT のプラットフォーム，銀行などの金融機関，旅行業者，航空会社などをすぐに思いつく．自分が現在使っている事業者のサービスがよくないと感じて，他の事業者に乗り換えたいことも多いだろう．このとき，自分のサービス利用履歴を一緒に移動できると便利だと感じる方は多いのではないだろうか．たとえば，電子メールのサービス事業者を他のメールサービス事業者に乗り換えるときには，メールのログデータも一緒に移動できなければ不便である．もちろん，事業者からメールのログデータをすべてダウンロードして，別のメールサービス事業者のメールサーバにアップロードしなおせば移動はできるが，その手間はとても大きい．GDPR では個人が事業者から自分の個人データをダウンロードして取得できる権利はもちろんあるとみなしている．しかし，それにとどまらず，自分の個人データを今まで使っていた事業者から直接に他の事業者に移動させる権利を個人に与えている．すなわち，GDPR においては，事業者は，自社から他社への利用者の個人データの移動を妨げてはならず，また利用者から取り立てる移動の費用は必要最小限なものにしなければならないと定めている[*6]．

　EU 司法裁判所[*7] における判例では，個人に関する私生活上の事柄をインターネットで検索できないようにする権利があるという判断が示された．この権利は**忘れられる権利**（right to be forgotten）と呼ばれる．ただし，幸福追求権のように単独で成立する絶対的権利ではなく，知る権利とのバランスを考慮しなければならな

[*5] 目的外利用が判明するなどの同意に反する使用がされた場合，同意を取り消し，以後は個人データの利用をさせないことを**オプトアウト**（opt-out）という．
[*6] データポータビリティ権という．
[*7] EU における最高裁判所と位置づけられる．

い相対的な権利である．たとえば，政治家のような公人に汚職の履歴があるとすれば，それを検索しても見つからないようにさせるというこの権利の使い方は，濫用である．言い換えれば，この例の場合は知る権利が優先されなければならない．ただし，検索エンジンに対して，個人からこの権利に基づいてその人に関するウェブページの消去要求が来た場合，可否判断が難しいケースが多いであろう．さらに検索エンジンを運営する IT プラットフォームに寄せられる消去要求が膨大な数にのぼる場合は，いちいち法務の専門家が判断するのは莫大なコストになり，会社の存続すら危ぶまれるかもしれない．

> **Memo** 忘れられる権利
>
> 　2013 年のスペインで，ある人が 20 年前に起こした家賃滞納がいまだに検索できる状態であるため，多くの人に検索され，就職活動で不利益を被ったとしてグーグルを提訴した．この訴訟は，EU 司法裁判所でグーグルが敗訴した．それ以来，同社には EU 域内で年間数十万件の消去要求が寄せられているという [*8]．日本でも同様の訴訟が複数起こされた．検索エンジンに個人名が入力された場合，その人の過去の事柄が人名に連なって自動的表示される [*9]，あるいは人名検索の結果としてその人の過去の事柄に関するページが表示されるような事象の可否を争っている訴訟だったが，検索エンジンの公共性と個人の**プライバシー保護**のバランスを考慮した判例がいくつか出されている．

　事業者は，個人データを集めて整理しデータベース化した個人ごとのプロファイルを機械的な手段によって作ることができる．この状態で，事業者が機械的に作成されたプロファイルを使って自動的に行った何かの判断が，その人に大きな影響を与える場合，GDPR ではその判断に従わなくてよい権利を GDPR22 条 1 項に明記している．しかし，この権利はどのようにしたら実効性のあるものにできるのだろうか．自動的に作られたプロファイルに基づく判断ということだから，どこかで人間が少しでも関与すれば GDPR22 条 1 項は遵守されたことになる．ただし，より公正な処理を求めるなら，プロファイル作成のプロセスの開示要求に応えられることが望ましい．つまり，プロファイルから得られた結果とプロファイル作成のプロ

[*8] 当然，これだけの消去要求を人間の法務担当者だけでは処理しきれない．したがって，ある程度，消去要求と処理結果が集まったところで，これを教師データとして AI が学習し，消去要求から処理結果候補を提示することができる支援システムが必要になる．
[*9] サジェスト機能と呼ぶ．

セスについての説明を求められたとき，これに応じることができる説明可能性を持つ必要がある．プロファイル作成は一種の AI 技術であるとすれば，この説明可能性[10] は要するに出力結果に対する説明ができることを AI に求めることになる．

> **Memo** 日本の個人情報保護法と個人情報保護委員会

　日本においては，3.2 節で説明する OECD8 原則を考慮した個人情報保護法が 2003 年 4 月から施行された．EU と同様にインターネット時代の技術状況，社会状況にあわせる形で 2015 年に大きく改正された（平成 27 年改正）．それと，同時に個人情報保護委員会が設置された．個人情報保護委員会は公正取引委員会のように独立性が高い委員会であり，省庁と同格である．個人情報保護法をめぐる状況は変化しているため，その現状は個人情報保護委員会のウェブページ[11] を参照するとよい．平成 27 年改正で 3 年ごとの見直しが条文に記載されたため，2020 年に改正されている．

➤ 3.1.3　十分性認定

　EU との関係で重視しなければならないのは**十分性**と呼ばれる概念である．

　図 3.1.3 に示すように，十分性は，EU から見て域外の他国，たとえば米国や日本が EU と比較して個人情報保護レベルが十分に対等であることを意味する．対等であるわけだから，相互に十分性を満たすことになるのだが，GDPR が**個人情報保護**に関して非常に強い制限を課しているため，他国が EU に十分性認定を求めるような構図になってしまう．では十分性がないと何が起こるのだろうか？　これはすなわち，EU 域内の個人情報を十分性認定のない国には持ち出せないことを意味する．たとえば，図 3.1.2 の例として説明した EU 域外の国に本社がある自動車会社で生産した自動車に関する個人データ，たとえば所有者，位置情報，運転履歴などが EU 域外の国の自動車会社の工場に送れない．別の例としては，EU 域内発の航空便の乗客名簿を入手できないという問題も生じる[12]．

　米国は，以前はセーフハーバーという協定で十分性を持っていたが，EU 司法裁判所が 2015 年にこれを無効化したため，米国企業，たとえばグーグルは EU にお

---

[10] AI の説明可能性については 3.1.7 項で詳しく述べる．
[11] 個人情報保護委員会　https://www.ppc.go.jp
[12] 搭乗者の中にテロリストがいた場合に入国管理で困難を生じるであろう．

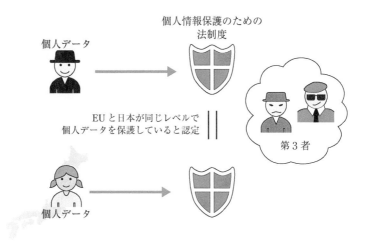

図 3.1.3　十分性の概念.

いて個人情報を扱う事業ができなくなる恐れが出た．そこで EU と米国で協議を続けた結果，個人情報保護レベルを上げたプライバシーシールドが成立した[*13]．このように EU の十分性認定は 1 回認定されれば未来永劫続くわけではなく，常に見直される可能性をはらんでいる．

　日本は，個人情報保護法改正案が 2015 年に成立したことおよび独立性の高い個人情報保護委員会が設置されたことを受けて，EU との間で十分性認定の交渉を行った結果，2019 年に相互に十分性を認定する状態にこぎつけた．ただし，EU の個人データはあくまで日本に持ち込めるだけである．EU 域外の国が EU から十分性認定されていない場合は，日本からその国に個人データを持ち出せるわけではない．

　十分性認定によって，日本の民間部門における個人データは EU との間で交換できることになった[*14]．日本の個人情報保護法の体系では，民間部門を対象にする個人情報保護法，政府行政機関を対象にする行政機関個人情報保護法，独立法人を対

[*13] しかし，プライバシーシールドも 2020 年 7 月に EU 司法裁判所が無効化した．このため，EU と米国の間で再び十分性認定を巡る交渉になった．

[*14] ここで，民間部門と断ったのは，日本の個人情報保護法は民間事業者に対する個人情報保護法であるからである．旧国立大学を含む独立行政法人や国の行政機関は別の個人情報保護の法律で支配されているので，2020 年時点では十分性は適用されない．

象にする独立法人個人情報保護法に分かれている*15. これに加えて，地方自治体ご
とに独自に個人情報保護法令が存在し，その数がおよそ 2,000 になる．この状況を
2000 個問題と呼ぶ*16. このような状況であるため，個人データの流通を阻害する
状態が続いている．たとえば，災害地の自治体立病院の入院患者が別の自治体の自
治体立病院や国立病院，私立病院に転院したとき，個人データであるカルテが移動
できず処置が遅れるという事態が東日本大震災のときに起きた．

➤ 3.1.4 AI 倫理

　2016 年に未来生命研究所*17 から公開された**アシロマ AI 原則***18 が現代的な AI
倫理のさきがけとなった．この後，多数の AI 倫理指針が世界で公開されたが，最
も大部かつ包括的な内容を持つのが IEEE 倫理デザイン第 2 版（以下では IEEE
EAD ver2 と略記する）*19，同 第 1 版（以下では IEEE EAD 1e と略記する）*20
であろう．また，若干 EU 中心的なニュアンスはあるが，EU から公開された「信頼
できる AI の倫理ガイドライン」（以下では EU・AI 倫理と略記する）*21 はコンパ
クトで記述は平易である．日本では，2019 年に内閣府が公開した「人間中心の AI
社会原則」*22 が独自の倫理指針を **AI 社会原則**（principles of AI Human-centric
society）として示している．そこで述べられている**人間中心の判断**（human centric
decision）という概念は，AI はあくまで人間が使うツールであり，最終的な判断は
人間が行うという考え方である*23. ちなみに欧米では，この「人間中心」の原則に
固執している．この他にも企業，政府，学会から公開されている AI 倫理指針は枚
挙にいとまがないが，ここではそれらを列挙することは避け，以下でそれらの指針
の多くが扱っている諸項目を紹介する．

---

*15 令和 3 年の改正で，これら 3 本の個人情報保護法はほぼ一本化された．
*16 2000 個問題も国の個人情報保護法に統一化する方向での作業が 2021 年から進んでいる．
*17 Future Life Institute. スカイプの創業者であるジャン・タリンやテスラのイーロン・マスクが参
加，運営している．
*18 Asilomar AI Principles. https://futureoflife.org/ai-principles/?cn-reloaded=1
*19 IEEE Ethically Aligned Design(EAD) version 2（2017 年公開）　https://standards.ieee.org/
content/dam/ieee-standards/standards/web/documents/other/ead_v2.pdf
*20 IEEE Ethically Aligned Design(EAD) 1st edition（2019 年公開）https://ethicsinaction.ieee.org
*21 Ethics Guidelines for Trustworthy AI. https://ec.europa.eu/digital-single-market/en/news/
ethics-guidelines-trustworthy-ai
*22 https://www8.cao.go.jp/cstp/aigensoku.pdf
*23 ただし，AI の内容が人間に理解できない複雑なものになってしまう，いわゆるブラックボックス化
が進行した場合，人間中心の判断をどこまで貫けるかは見通せない．

➤ 3.1.5 AI脅威論

アシロマ AI 原則の項目 10 には「自動的な AI システムは，目標と行動が倫理的に人間の価値観と一致するようデザインするべき」と書かれており，さらに項目 19 には「一致する意見がない以上，未来の AI の可能性に上限があると決めてかかるべきではない」と警告し，項目 22 には「あまりに急速な進歩や増殖を行うような自己改善，または自己複製するようにデザインされた AI は，厳格な安全，管理対策の対象にならなければならない」と明言されている．

これらの項目を理解するために，シンギュラリティという概念に留意しよう．シンギュラリティとは，AI 技術が指数関数的に増大した結果，ある時点で爆発的に能力が増大し，人間の知能をはるかに上回る AI ができてしまうことを意味する．このように高い能力を持つ AI が人間に敵対する脅威になる状況を避けるように AI を人間の制御下におきたいわけである．これがアシロマ AI 原則が作られた背景にある．ただし，その後シンギュラリティの実現に必要な技術の未来像についての研究が進んだ結果，シンギュラリティの可能性はまだまだ先のことであり，まして人間に敵対し脅威となるような AI の実現性は強く疑われ始めた．このような背景から，AI 倫理の当初の動機の１つであった **AI 脅威論** は勢いを失い，代わって現在ないし近い将来において重要な AI の社会的課題が AI 倫理として議論されるようになった．

➤ 3.1.6 ブラックボックス化

AI においてどのような仕組みで結果が出てくるかは，第２次ブームのころの **if-then ルール**[*24] なら人間にもなんとか理解可能だった．しかし，その後ビッグデータを対象にして統計処理を行う機械学習が主に使われるようになり，数十以上の高次元のデータの織りなす相関関係を自動抽出する時代になった．有名な例は，スーパーマーケットでの大量の購買履歴をデータ処理[*25] すると，ビールと紙おむつを同時に買う人が多いということが相関関係から推定できたことである．そこで売り場でビールと紙おむつをそばに置いたところビールと紙おむつの売上が増加したという報告がされている．

[*24] 「if A は動物である then A はいつかは死ぬ」という形式のルール．
[*25] これはデータマイニングと呼ばれる処理である．

　さて，データの次元が数十から場合によっては数万以上のオーダの高次元のデータに対する相関関係は，人間にとっては理解が困難である．さらに追い打ちをかけたのが，データの次元がもっと高くなった深層学習である．深層学習で学習された分類規則を人間が理解することは専門家でも困難であり，かつ学習過程自体も理解できないという現象が進んでしまった．これを**ブラックボックス化**と呼ぶ．AIの学習プロセスと学習結果に関して，それらの説明がされたとしても，一般人にとって理解が十分にできるだろうか？　この問いには現状では否定的な答えしか出ていない．このような説明可能性のないAI，つまりブラックボックス化したAIは安心して使えないという心理が働く．そこで，ブラックボックス化したAIを**トラスト**（trust）[*26] してもらうにはどうしたらよいかという問題に直面せざるをえなくなった．以下でこの問題を説明可能性からトラストにいたる順番で説明していく．

➤ 3.1.7　説明可能性

　説明可能性（explainability）はデータ分析，機械学習，AIにおいて重視される概念である．説明可能なAIをeXplainable AIの大文字をつなげてXAIと呼ぶことが多い．

　AIや機械学習アルゴリズムに教師データを与えて識別システムや予測システムを作った場合の説明可能性は以下のように分類できる．

　説明可能性（遡及型）：データ分析や機械学習を含むAIシステム[*27]の利用者にとって納得できない結果が出てしまったときに，その理由を説明できること．ただし，説明が利用者に理解可能でなければ意味がないので，理解可能性も同時に満たさなければならない．

　説明可能性（予見型）：あるAIシステムが将来，実社会における応用目的のために利活用されたときに予測される限り広範囲な入力データに対しておかしな結果が出ないことを保証すること．そのためには予見型の説明可能性を設計に組み込んでおかなければならない．このことはAIシステムを導入しようとする事業者にとってリスク回避の点できわめて重要である．AIシステムに説明可能性を最初から組み込む設計・開発の努力を怠ると，法律的に製造物責任を問われることになる．

[*26] AIをトラストすることの概念は3.1.8項で詳しく述べる．
[*27] 特定の応用分野での利用を目的としているAIシステムは，AI応用システムということもある．

AI や機械学習が複雑化してブラックボックスになっているので，説明可能性の技術の実現は容易ではない．機械学習アルゴリズムで教師データから学習させた分類や予測を行うシステムの内部変数の値を表示しても，利用者 [*28] にはまったく理解できないだろう．たとえば，深層学習では，学習させた結果得られた分類や予測を行う要素システムのアルゴリズムはデータ処理の階層が深いうえに，各階層における次元が非常に大きい [*29]．したがって，内部のデータの流れを表現するような説明は理解可能性という点では意味をなさないので，AI や機械学習の内部の動作を説明することは現実的ではないだろう．むしろ，入力データと出力結果の関係に着目する方法が有望である．入力データと出力データの関係という観点から，元の AI システムとほぼ同様に動き，かつ理解しやすい簡単な構造の近似的な AI システムを生成する．そうして生成された近似的 AI システムの動作を説明に用いる．たとえば，入力の分類を行うのであれば，近似的 AI システムとしては，

    if 条件 1   then   結果 1
    if 条件 2   then   結果 2
         ⋮   ⋮
    if 条件 3   then   結果 3

のように，if-then ルールを適用順に並べた判別条件のリストは意味が理解しやすい．また，近似の表現としては図 3.1.4 に示すように判別用の分類木も理解が容易だろう．このような理解可能性のある近似的な表現方法が 2020 年時点では有望である

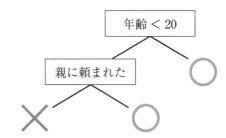

スーパーマーケットで若そうに見える人に酒を売ってよいかの判別

図 3.1.4　分類木の例.

[*28] 利用者は専門家ではないことが大多数であろう．
[*29] 画像認識のタスクなら画像を構成する画素数の次元になるかもしれない．

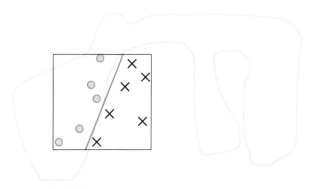

図 3.1.5　局所的に線形な分離境界面を用いる説明.

と考えられている.

　予見型の説明可能性を上記のような近似システムで作成した場合, 適用可能な範囲の問題を考慮しなければならない. 起こりうる出力結果の 100%をカバーできれば問題はないが, 近似システムなのでカバーできない部分が出てくることが予想される. 出力結果が近似システムでカバーできない場合は, 1) 最も類似した結果で代用する方法, 2) 類似性の高い順に複数個選び, それらから内挿, 外挿, あるいは平均を作る方法, 3) 焦点をあてている狭い範囲における分類の境界線を線形方程式で近似して説明に用いる方法, などの工夫が必要である. 3) については概念を図 3.1.5 に示す. 内側と外側の間の複雑な分離境界面を, 図 3.1.5 の四角で囲われた狭い範囲においては線形な分離境界面で近似して, この範囲の内側データの○と外側データ×の分類結果を説明するために用いる.

　図 3.1.5 に示したような分離境界面はあくまで近似である. したがって, この近似境界面を使って作り出した説明は, 誤差を含み, ときには間違っているかもしれない. この誤差や間違いがありうることをあらかじめ理解した上で, AI が提示する説明を使うことが必要である.

　ここまでの XAI の研究は対象が単一の AI システムであった. しかし, 3.1.11 項で述べるフラッシュクラッシュのような多数の AI システムが相互作用する AI のネットワーク形態のシステムの場合には, その動作を説明する数理モデルを作成することが困難である. AI システムが随所で導入され始めた現在, このような複数の AI システムがネットワークで接続されることが増えてきている. このような複数の AI システムの競合あるいは協調によって引き起こされる挙動の理解可能な説明は,

社会的に必要なものになってきているにもかかわらず，まだ研究の入り口に立った
程度の状況である．

　以上のような事情により説明可能性を技術的に実現することが困難であるため，
人間を介在させる対処法がとられている．その具体例として，プロファイルから自
動的処理のみによって出てきた結論に従わなくてよい権利を記した GDPR22 条の
実施法が挙げられる．プロファイルから出てきた結論を受け入れられない人からの
クレームに対処するにあたって，一般人に理解できる説明を AI が作ってくれれば，
問題の大部分は技術的に解決できる．しかし，それができない以上，人間が介入せ
ざるをえないというわけである．すでに述べたように GDPR22 条 1 項はここにト
リックがある．つまり，「自動的に」と明記してあるので，説明に人間が関与すれば，
GDPR22 条を遵守したことになるわけだ．実際には，クレームをつけた人にサービ
ス提供側の企業に所属する人が説明する内容は，処理に用いた個別データと結果に
いたるプロセスの概略であろう[*30]．このようにクレーマーに対して全自動的に理
解かつ納得させることはあきらめ，現状は今まで通りに人間が対応しましたという
システム運用にならざるをえない．GDPR22 条の高い理想と AI の現実が大きく乖
離していることが見てとれる．

　AI 自体に説明可能性を求めずに人間が説明するにしても，どのような情報を開
示すべきだろうか？　まず，AI システムの全体像を理解しておこう．図 3.1.6 に示
すように，機械学習システムは与えられた教師データを使って学習して，その結果
として新たな入力に対して分類や予測を行う要素システムを得る．これを組み込ん
で，実際に用いられる AI システムを構築する．なお，AI システムの実用時には，
図 3.1.6 の右側の破線四角の中に描かれているように，新規の入力データに対して
AI システムは出力結果を返してくる．AI システムによっては，図中の上側の実線
が示すように，この実用時の出力結果を教師データに追加して再度学習して分類や
予測を行う要素システムを更新する場合もある．AI というときには，狭くは分類や
予測を行う要素システムないし機械学習システム，広くは AI システム，さらに広げ
て図 3.1.6 の全体を意味することがある．

　このような分類や予測を行う要素システムを組み込んで，システム全体の目的に
沿った AI システムを構築する．こうして作られる AI システムにおいて説明すべき
項目として IEEE EAD ver2 では以下の 1)，2)，3) を挙げている．

[*30] 説明する人自身も AI の動作の詳細はわかっていないことが十分に考えられる．

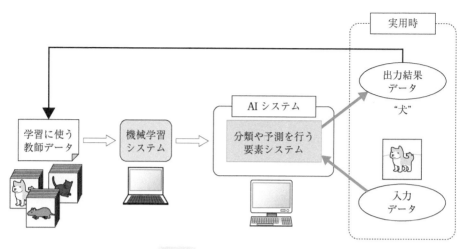

図 3.1.6　AI システムの全体像.

1) AI システムを開発・運用する企業，およびその企業への出資者，学習のための教師データ提供者
2) AI における学習で使われた教師データと AI システムが実際に使われたときに投入された入力データ
3) AI システムの出力結果

　見落とされがちなのは，1) の開発・運用する企業と出資者であるが，次の 3.1.8 項に述べるアカウンタビリティにおいて，彼らは責任をとるべき組織体として重要である．

➤ 3.1.8　アカウンタビリティ，透明性，トラスト

◎ a アカウンタビリティ

　責任をとることに関する概念として英語では，**アカウンタビリティ**（accountability）[*31] がある．アカウンタビリティは会計用語のアカウントから来ており，たと

[*31] **説明責任**がアカウンタビリティ（accountability）の和訳とされるが，説明をする責任だけを意味すると誤解されている．アカウンタビリティは，まずいことが起きたときの説明と補償の両方の意味を含むので，日本語の説明責任は英語の意味の半分しか表していない．

えばビジネス上の損失などのすでに起きてしまったことに関する責任と法的対応を意味する概念である。AI 関連分野で使うアカウンタビリティという用語には，事故が起きたとき，その理由を説明する責任と，事故で被った損害に対する金銭的補償などの法的対策の両方の意味が含まれている。

3.1.4 項で述べた IEEE EAD ver2 によれば，アカウンタビリティのうち事故時の責任をまっとうするためには AI システムを運用する組織への出資者，運営者，設計者，開発者，操作者などの全関与者にわたって，だれがどのような責任をどのような割合でとるかが重要である。さらに，この責任の適切な分配割合の決め方を与える法制度を整備すべきと示唆している。この分配割合が不適切で，仮に設計者や開発者に多くの責任があるとされると，開発者が委縮して AI 技術全体の発展を阻害してしまう。一方で，設計者，開発者には AI システムが利用される社会環境，文化環境にも配慮した設計・開発を促している。社会環境，文化環境は利用時の責任のとり方にかかわるものだから当然，考慮の対象になるし，それらを無視した AI システムを開発しても社会に受け入れられないことも示唆している。

EU・AI 倫理[*32] では，AI 応用システムの開発側の責任のとり方として，金銭的補償を提案しており，人種差別の扱いをする結果が出た場合は，最低限，謝罪は必要だとしている。

このように IEEE EAD ver2 や EU・AI 倫理のような欧米の倫理指針では責任をとるべき人間や組織，さらに金銭的補償のような責任のとり方まで議論している。一方，日本では AI システムが問題を起こしたときの関係者の義務は「説明責任」を終着点とする記述が多い。その結果，AI 開発者，運営者側は，問題が起きたときに AI の挙動の説明をすれば責任を果たしたという誤解が蔓延している。つまり，「説明責任」によって AI システムの利用者に説明される内容は，説明可能性の項で述べた入力データ，および入力データから出力結果が得られるまでのデータの流れであり，これらの内容を AI システムの利用者に自然言語文で提示すれば「説明」したことになってしまう。そのため，これによって説明責任を果たしたなどというきわめて安易な慣行を助長することになりかねない。

AI が起こした事故や間違いに対して法的制裁まで射程に入れるなら，法律に訴えて告訴などに行く前に双方の話し合いから示談という手続きになる。このとき説明可能な AI によって生成された説明が事故の被害者が納得できる説明となるまでのプ

[*32] 前出（脚注 21）Ethics Guidelines for Trustworthy AI.
https://ec.europa.eu/digital-single-market/en/news/ethics-guidelines-trustworthy-ai

ロセスは，まさに示談の前提の情報提示の部分に相当する．こう考えてくると，ア
カウンタビリティの実現のためには，AI の動作説明を自然言語文で提示されても，
それが AI の専門家ではない一般利用者にとっては納得できない専門的な説明では
不十分であることがわかる．もちろん AI の動作を説明によって理解できれば理想
的だが，何度も述べているように一般利用者，多くの場合は専門家ですら，理解困
難な説明しか現状では作り出せない．

そこでアカウンタビリティの2番目の意味である補償の出番となる．これは，責
任者を明確に指摘することから始まる．責任者になりうる関係者は，AI システムを
企画し，開発に投資した者あるいは組織，AI システムの開発者，AI の学習に使う素
材データを提供した者，AI システムを宣伝・販売した者，AI システムの利用者で
ある．事故時の責任の所在が説明されるなら，法的制裁や補償への道が開ける．な
お，利用者に責任が及ぶのは不可解だと思われるかもしれないが，それは以下のよ
うな理由による．

1) 複雑な AI サービスを理解せずに使って損害を受けるため．
2) 利用者が使っている PC やスマホなどに搭載されている AI ソフトウェアの必
   要なアップデートを行わないことがありえるため．
3) 図 3.1.6 に示したように，利用しているうちに実利用における出力結果を教師
   データに追加して学習することによって AI システムの機能が更新されるため．

これらの項目は利用方法にも原因の一端があり，開発者側では把握しきれないた
めである．

▶ b 透明性

次に**透明性**（transparency）について説明する．透明性はデータ処理システムや
AI システムの内部ないしは背後で起こっていることを利用者に見えるようにする
ことである．言い換えれば，透明性によって開示された情報がアカウンタビリティ
を実施するために使われる情報になる．したがって，データ処理システムや AI シ
ステムの利用者がある結果を得たときに，その結果に関する透明性の対象になる情
報は，1) 説明可能性の項目で述べたデータ処理システムや AI システムが結果を導
くプロセス [*33] に関する利用者に理解可能な表現，2) その結果から生じた不利益を

[*33] すでに述べたように説明のために使う近似システムでもよい．

補償してくれる AI 応用システムの運用あるいは運営にかかわる法的責任者である.
以上の概念の関係を図 3.1.7 に示す.

● ▶ c トラスト

図 3.1.7 でまだ説明していないのはアカウンタビリティの下にくる**トラスト**（trust）
である．アカウンタビリティは図 3.1.7 に示すように相当複雑な背景をもつ概念で
ある上に，理解可能性のある説明の生成技術はまだ完成度が低い．したがって，デー
タ処理システムや AI システムの利用者にとっては，その説明を理解することは容
易ではないだろう．そこで，図 3.1.7 の上部に配置されているアカウンタビリティ
を形成する構成要素の完全な理解を期待することはあきらめ，むしろ AI システム
を全体として信用してもらうという発想からトラストという概念が重視されるよう
になってきた．通常の技術要素ないし技術的ツールにおけるトラストとは，故障し
ないこと，同じ入力に対して常に同じ出力が得られることを意味する．しかし，AI
システムでは結果が学習に用いた教師データへ依存することが問題となる．つまり
処理する教師データの偏り，すなわち**データバイアス**（data bias）があると正しい
結果が得られない．これについては後に詳しく説明する．さらに，図 3.1.6 で示し
たように，実際に利用しながら，利用局面で得られたデータを教師データとして学
習しなおすような場合は，出力結果を容易に予測できない．つまり，同じ入力デー

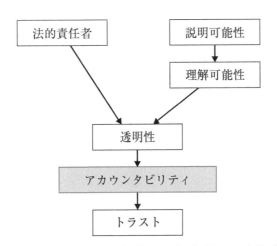

図 3.1.7 説明可能性，理解可能性，透明性，アカウンタビリティ，トラストの関係.

タに対して常に同じ出力結果が得られることをトラストの定義として使うことができない．よって，AIに対してトラストを定義するにあたっては，AIの動作を正確に説明し理解してもらうことが不可能という現実から出発しなければならない．つまり，トラストを得るための説明文はAIの動作の正しさを証明することが目的ではなく，利用者に信用ないし納得してもらうことが目的である．そのためにはどのような情報を提示したらよいかが問題である．これについて以下で考えてみよう．

まずトラストを得るために可能な方法として以下のものが考えられる．

1) AIシステムを多数の人々が利用した履歴を匿名化した上で開示して，このシステムの動作の妥当性，公平性をトラストしてもらう方法
2) AIシステムの利用者が自分の個人データを入力して得た結果に関して疑義を申し立てた場合，その個人データと類似する過去の入力データ*34 と出力結果を示して，当該結果の妥当性，公平性を納得してもらう方法

これらの方法を図3.1.8に示す．1) も 2) もAIシステムの内部的な動作には触れず，あくまで利用者からみて納得できる結果を示すことを目的にしている．ただし，AIシステムの動作の正しさを直接証明しているわけではないので，利用者が納得せずに水掛け論になってしまう可能性がある．また，技術的にみて，2) の方法における「類似する過去の入力データ」をどのように定義するかも難しい．技術者が考える類似性と，利用者が考える類似性が共通のものだという保証はない．こうして見てくると，技術的な方法だけで利用者に納得感，安心感を与えてトラストしてもらうことは困難である．結論としては，1) のAIシステムに対して過去の履歴から積み上がってきた信用をトラストとして用い，さらに事故など利用者にとってまずいことが起こった場合の補償体制を確立することによって，AIシステムをトラストしてもらうという流れになる．

これがトラストの構築の概観であるが，AIシステムの出力結果の正当性の証明を提示するのではなく，その出力結果を信用するという概念だから，トラストは崩れやすいものである．結局，トラストは，AIサービスを提供する事業者をトラストするという組織や制度の信用に置き換わることになる．それだけにトラストを裏切られた場合，利用者の失望が大きいことは技術者側も理解しておくべきポイントである．したがってトラストをどう維持するかは，AIサービスを提供する事業者にとっ

---

*34 もちろん，開示情報は個人が識別できないように変換して匿名性を担保しなければならない．

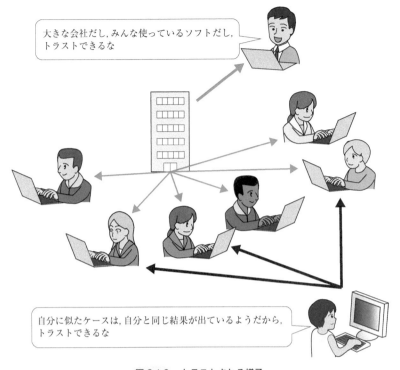

図 3.1.8　トラストされる様子.

てビジネス的には死活のテーマである.

　以上を図 3.1.7 に即していえば, トラストは信用のような社会的, 心理的概念であるため, トラストを与えるエビデンスとして法的責任者, 説明可能性, 理解可能性, 透明性, アカウンタビリティが重視される構造になる.

➤ 3.1.9　公平性

　データ処理システムや AI システムが利用者にとって**公平性**(fairness)を持つことは, 社会における実用化では避けて通れない関門である. 先に述べた透明性やトラストは AI システムの公平性を確保するための仕組みである. しかし, 公平性の定義は社会状況によって異なるため, その実態を把握しにくい. まず, 例を用いて関係する概念を整理する.

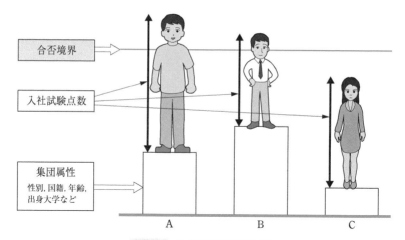

図 3.1.9　入社応募者の合否の例.

　図 3.1.9 に示すような，ある企業の入社応募者の合否を決めるスコア計算の例を使って考えてみる．図 3.1.9 において縦方向の両矢印の長さは応募者の入社試験の点数である．3 人の応募者の頭の頂点の位置が各人の合格可否決定のためのスコアを意味する．スコアが合否境界より上に出た人だけが合格して入社できることになる．

　3 人が乗っている箱は各自の属する集団の属性データに依存して決まる値であり，入社試験の点数に加える恣意的な加算点を示す．加算点の高さは，性別，国籍，年齢，出身大学など種々の属性で決まる．たとえば，従来の入社した社員は，年齢が低いほうが入社後の成績が高い，あるいは女性のほうが入社後の成績が低い[*35]，などという統計的データがあるとする．すると年齢の低い人にはたくさん加算点を加え，女性には少ししか加算点を加えないというようなことができる．

　図 3.1.9 では真ん中の人は有名大学の出身なので，高い加算点を加えてもらっているおかげで，入社試験の点数はよくなかったが合格境界を越えている．右端の女性は，入社試験の点数はよかったが，男性を優先したいというバイアスによって加算点が低く合格ラインを超えなかったことを示している．このようにデータ処理によって最終的なスコアに本人の入社試験の点数とは異なる要素の加算点が加えられることは，スコア計算に使う**データバイアス**（data bias）という見方ができる．

　入社試験の点数の付け方のアルゴリズムが 3 人とも同一なら**アルゴリズムバイア**

[*35] 社内で女性従業員が差別的扱いを受けた結果，入社後の成績が低いということだと，このような統計データ自体が後に述べるバイアスのかかったものになってしまっている．

ス（algorithm bias）はないといえるが，仮に女性の点は入社試験で実際とった点から20%減して計算した結果を入社試験点数として使うというアルゴリズムを使っているならアルゴリズムバイアスがあることになる．

このように公平な条件で行った入社試験の点数にデータバイアスやアルゴリズムバイアスが作用して最終的なスコアが変化してしまうことは，「公平な条件で行う入社試験の点数」が正しいスコアだとする立場からすれば**データ倫理**（data ethics）に反するであろうし，より厳しくいえば**データのねつ造**（data fabrication），あるいは**改ざん**（falsification）ということになる．ねつ造は，存在しない実験データを恣意的に作ることである．改ざんは実験結果のデータを自分の都合のよいデータに改変してしまうことである．ねつ造，改ざんのいずれの場合も，このようなデータを実際に使うことは倫理的に許されないのみならず，犯罪にすらなりうる[*36]．

しかし，データバイアスなどの概念は公平性の定義を固定した上で考えていることに注意する必要がある．まず，実際は国籍や性別で差別されていることがわかっているなら，それを是正するために，たとえば女性には男性より高い加算点を加える，あるいは女性枠をあらかじめ作っておくような方法，いわゆる**アファーマティブアクション**（affirmative action）を採用することが考えられる．国籍や性別で既存のデータに激しい不平等がある場合にアファーマティブアクションが使われてきているが，公平性の確保自体が自己目的化する傾向もある．たとえば，入社試験に合格者の半数を女性にするというアファーマティブアクションが導入されると，男性で優秀な人が合格しないという逆差別が生じるかもしれない．では，男女各々の応募者数に比例した男女の合格者にするという改善を考えてみよう．しかし，従来その会社には女性社員数が非常に少ないという情報が流布した結果，女性応募者が少ないなら，男女格差が固定化されてしまうかもしれない．一方で仕事の分野によっては明らかに男女の差がある場合もあるので，逆差別の問題は依然として残る．よって，結果の公平性を求めることは真の公平性につながるのか疑問である．そもそも真の公平性は個人や社会の価値観にも依存するため，普遍的な定義が難しいことを意識しておく必要がある．

ここで述べたように，個人あるいは社会に影響する最終的な結果に対する公平性を考えることは，なかなか困難である．そこで問題を限定し，スコア計算の仕組みに焦点をあててみる．バイアスがないデータ，つまり加算点は全員等しいとし，バ

[*36] ねつ造や改ざんが許されない行為なのだから，当然，他人の作ったデータを無断で自分の作ったデータとして用いる**盗用**（plagiarism）は許されるものではない．

イアスのないアルゴリズムを用いて得られた結果が公平であると考えてみる．すると，公平性を定義するにはバイアスを定義しなければならない．そのためには，まず，バイアスが ないこと を定義しなければならない．たとえば，英語が使用言語となっている国際会議の場面を想定してみよう．会議の発表で，英語以外の言語が母国語である発表者と英語母国語の発表者が学術的内容について同じ基準で評価されれば，評価のバイアスはない．一方，英語母国語話者にとっては表現力で優位にあるため，言語能力バイアスがあり内容を伝えるときには有利であると考えられる．そこで，英語母国語でない発表者に1割増しの発表時間を割り振るアファーマティブアクションを適用すると，言語能力バイアスを減らすという意味で公平かもしれない．しかし，時間の平等な配分という観点からは公平ではない．言語能力バイアスを減らすことが目的か，物理的時間配分を平等にすることが目的かで公平性の定義が異なってくる．

　以上のように公平性の定義は結局，目的依存である．しかし，ひとたび目的を確定すれば，その条件下で他のバイアスが入らないようにするアルゴリズムないしデータは公平であるといえる．

　ここまでの議論を抽象的にまとめてみれば以下となる．

1) 結果が平等：解決法はアファーマティブアクションによる解決など
2) 出発点が平等：解決法はバイアスのないデータ
3) 処理プロセスが平等：解決法はバイアスのないアルゴリズム

そのうえで数理的な公平性は次のように定義できる．

a) 対象とする処理において目的を設定し，その目的に関係する項目は平等に扱う [*37]
b) データとアルゴリズムに関して平等に扱う項目にはバイアスが入らないようにする

　AIの場合はデータ処理に比べてより複雑である．つまり，すでに図3.1.6に示したように，機械学習で，教師データを用いて学習して分類や予測を行う要素システムを作る．そして，この要素システムを組み込んだAIシステムを得る．

　よって，教師データにデータバイアスがあれば結果として得られた分類や予測を

[*37] これを機械的に行うのは困難である．2.1節で説明されたように，ある項目が表面的には目的にかかわらないように見えても，因果関係の連鎖を詳細に検討すると目的にかかわっているかもしれない．本質的には，因果関係の認定がデータだけからは行いにくいことがあり，そもそも因果関係の厳密な定義自体が難問である．

行う要素システムもバイアスのかかったものになる．たとえば，従来，女性の応募者がいなかったとすると女性に関する教師データがないので，公平な分類や予測を行う要素システムを作れず，結果として公平な AI システムを作り出せない．あるいは女性応募者に関する恣意的な教師データを用いて学習してしまい，結果として恣意的な分類や予測を行う要素システムが作らされてしまうかもしれない．機械学習システムによる学習自体がブラックボックスの度合いが高い，言い換えれば不透明であるだけに公平性の確保はより難しくなる．

このような状況を考慮した上で，データ処理システムや AI システムの公平性を利用者に納得してもらうためには，少なくとも上記 a), b) を説明できなければならない．これが，3.1.8 項で述べた透明性に対応する．ただし，この説明は処理が複雑だと利用者に理解しきれない場合も多いだろう．その場合にはデータ処理システムの設計者や運営者が信用できる，ないしはライセンスされていること，不公正であった場合の補償も明記するなどのアカウンタビリティを確保する．こうして公平性が確保されていることを利用者に納得してもらうことができれば，データ処理システムの運営者と利用者の間にトラストが形成されやすくなる．

以上は，データとアルゴリズムの扱いから積み上げて公平性にいたる方法であった．その結果として得られるトラストは，この積み上げプロセスを省略して得られる場合もある．たとえば，あるデータ処理システムの利用者が，実際に利用する以前に，恣意性のある結果や利用者に不利益をもたらす結果がまったくなかったことによって，そのシステムをトラストしてしまうかもしれない．あるいはデータ処理システムの運営者の規模や評判でトラストしてしまうかもしれない．こういった根拠が薄いトラストは安易に得られるだろうが，ひとたび問題が発生するとデータとアルゴリズムにバイアスがないことから積み上げたアカウンタビリティが要求されることになるだろう．

➤ 3.1.10 データ・AI 活用における負の事例紹介 ―データの悪用・目的外利用

自分自身の個人データを収集されたときに予想しなかったような使い方を，収集した事業者が行い，その結果として本人に不利益がもたらされたとしよう．それは事業者からみれば**データの誤用**（data misuse）だが，本人にとっては**データの悪用**（data abuse）とみなすだろう．一例として，就職仲介業者が就職希望者 A さんから集めた個人データに複数の志望会社が記載されている場合を想定してみよう．A さ

んの出身校，学業成績，志望会社以外の会社への応募状況あるいは，A さんが SNS で行った他社へのアクセスの履歴などを調べて，データ分析あるいは AI 技術で，志望する会社の辞退確率を計算し，志望する会社に販売したとする．ここで，志望された会社側は，購入したデータに記載された A さんの辞退確率が高ければ，A さんにそれ以上採用事務の手間をかけたくないため，辞退する可能性が低い別の志望者を優先的に合格させてしまい，A さんを不合格にすることがありえる．この場合は，A さんは，自身のデータが目的外利用されたのみならず，実質的な不利益を被る可能性がある [*38]．

このようなデータの目的外利用や悪用は，倫理的に許されないものだが，それを制度として許容しないためには法律で規律すべきである．関連する法制度は個人情報保護，個人データ保護，さらにはプライバシー保護にかかわる法律になる．

➤ 3.1.11　データ・AI 活用における負の事例紹介　―フラッシュクラッシュ

金融商品などの取引（株の売買など）を行う証券会社は，かつて高給取りの人間のトレーダーが日夜売買を行う仕事場であった．しかし，2000 年代に入りソフトウェアで自動的かつ自律的に売買するシステムが大部分の人間のトレーダーにとって代わるようになった．1 つの理由としては金融工学の進歩で，短期的な株価などの価格変化を高い精度で予測できる数理モデル [*39] が開発され，そのモデルによってトレードするシステムが実現できるようになったことがある．このモデルを用いて短い時間間隔で売買を繰り返すことで莫大な利益を得ることに成功した．一社で成功すれば，当然，同業他社も追随し，ソフトウェアの機能や速度を競う時代に突入した．このソフトウェアを AI トレーダー [*40] と呼ぶ．AI トレーダーのアルゴリズムは企業秘密だが，目的は利益の最大化である．

AI トレーダーは時間あたりの利益を大きくするために高い頻度の売買を目指してデータ処理の高速化を競う．よって，ミリ秒，マイクロ秒オーダで売買が進行する．世界中のファイナンス系企業がこのような動きをするので，何かの売りの引き金によって売りの連鎖反応が瞬時に起こり，人間のトレーダーの認識と介入を寄せ

[*38] このような事例は 2019 年に現実に起こった．
[*39] ブラック・ショールズの方程式などが有名である．ただし，価格の変化率の分布が正規分布に従うという仮定をおいているため，やや現実からの乖離があると指摘され改善案が検討されている．
[*40] あるファイナンス系企業では，AI トレーダーに置き換えることによって人間のトレーダーを数百人から数人にしている．

つけない速さ，規模で金融商品の価格の予想外の変動が起こる可能性がある．この
きわめて短い時間に起こる金融商品の価格の大きな下落を**フラッシュクラッシュ**[*41]
（flash crash）と呼ぶ．

> **Memo** フラッシュクラッシュ
>
> 　金融取引（株の売買など）は，すでにネットワークを介して AI システムすなわち
> AI トレーダーが秒以下の速さで売買する世界である．人間のトレーダーが介入して
> 判断するより早く事態は進行するが，世界中の金融センターも似たような状況なので，
> 何かの大きな売り注文と売買成立が起きると，それが引き金になって連鎖反応が瞬時
> に起こり，とんでもない暴落が瞬時に起こってしまう．
>
> 　Wired.jp 2016 年 9 月の記事によると，2010 年 5 月 6 日，ダウ・ジョーンズ工業
> 株平均は，のちにフラッシュクラッシュと呼ばれるが当時はまだ説明のつかなかった
> 一連の下落を見せた．一時は 5 分間で 573 ポイントも下げた．ノースカロライナ州の
> 公益事業体であるプログレス・エナジーは，自社の株価が 5 ヵ月足らずで 90% も下
> がったが手を打てなかった．9 月下旬にはアップルの株価が，数分後には回復したも
> のの 30 秒で 4% 近く下落した．

　フラッシュクラッシュを個別 AI トレーダーに説明機能や危険回避機構をつける
ことで回避することは，個別 AI トレーダーの仕組みが企業秘密である以上，期待薄
である．そこで，AI トレーダーたちのコミュニケーションのための共通言語である
株価など市場価格を外部から観測して，その挙動が異常な動きをし始めたら，売買
にストップをかけるような観察・制御の枠組みが 1 つの解決策である．この概念を
図 3.1.10 に示す．

　問題は，売買取引が非常に高速なので，人間が観察・制御を行うのでは時間遅れ
が大きすぎることである．したがって，このような観察・制御も高速な AI が行わな
ければならないだろう．この観察・制御を行う AI は，市場価格を見て場合によっ
ては取引ストップをかけるが，早くストップしすぎるとファイナンス系企業が予想
していた儲けの機会を奪う事態を起こすだろうし，ストップをかけるのが遅すぎる
とクラッシュして全体的な経済損失が莫大になる．よって，技術的には，

1) 観測した市場価格の変動から異常事態を予測する機能

[*41] 日本語では瞬時暴落と呼ばれることが多いようである．

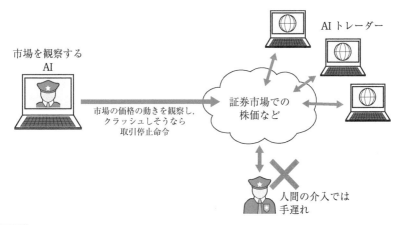

図 3.1.10 AI トレーダーが関与する市場の価格を観測して，クラッシュを予知して取引に介入する AI.

2) 予想される儲けができなかった損失と市場全体での経済損失の両者をあわせた損失を最小化するストップタイミングを決めるアルゴリズム開発

が必要である．2) に関してはストップした理由を納得できる形で説明する機能も求められる．言い換えれば，AI の起こした問題は別の AI が解決し，その解決方法も理解可能な形で説明しなければならない．従来の AI のブラックボックス化は単独の AI の動作の過度な複雑さを意味していた．しかし，フラッシュクラッシュのように単一の AI ではなく，多数の AI がなんらかの手段（この場合は金融市場における金融商品の価格の時間的変動）で影響を相互に与えあうような状況では，多数の AI から構成されるシステム全体の動作は，予測が非常に難しい[42]．今後多くなると思われる多数の AI が互いに影響しあう社会，生活，ビジネスにおいて，このような現象が起こるということを頭の片隅においておくことも大切ではないだろうか．

➤ 3.1節 練習問題

3.1.1 次のうちから正しくないものを選べ（複数選択可）．

① インターネットの検索エンジンで自分の名前で過去の履歴を検索できないようにさせる権利は基本的人権として常に守られなければならない．

---

[42] 2021 年時点では，有効な理論や方法は明らかになっていない．

② プロファイルの作成を人手ではなく機械的手段で行えば GDPR にお
いて問題ない.

③ EU と相互の間で十分性認定をしていない国には，EU 発の航空機の乗
客名簿はたとえテロリストと疑われる人物が搭乗していても原則とし
てわたしてくれない.

④ 日本の個人情報保護法はプライバシーを保護する法律である.

⑤ 日本では個人情報を扱う法律は唯一個人情報保護法だけである.

3.1.2 次のうちから正しくないものを選べ（複数選択可）.

① アシロマ AI 原則では人間に脅威となる AI の実現がありうるとみなし
ている.

② 説明責任とアカウンタビリティは同じことを意味する.

③ 説明可能性のある AI が作り出した説明文は，現状では一般人に理解
できる保証はない.

④ AI システムがトラストできるとは，同じ入力に対してはいつも同じ結
果を出力してくれることである.

⑤ 公平性はそのときの社会における価値観や目的に依存して変化する.

3.1.3 次のうちから研究倫理として正しくないものを選べ（複数選択可）.

① 研究室内の打ち合わせの発表で実験データを改ざんして用いた.

② 学会発表という公の場でねつ造データの数値を用いた.

③ 学会発表という公の場で実験データから作成した図の曲線に凸凹があっ
たので，実際のデータとは少し異なるデータに入れ替えて，なめらか
な曲線にしたデータを用いて発表した.

④ 研究室内の打ち合わせで同僚の発表におけるデータは自分の経験では
ありえないデータだと思ったが，同僚との人間関係を悪くしたくない
ので指摘しなかった.

⑤ 学会発表におけるスライドで実験データを点，理論データを曲線で表
示した.

3.1.4 ある個人から，自分の研究室で行う実験 A に利用するという条件で同意してもらった上で，個人データを収集した場合，次のうちから正しくない個人データの使い方を選べ（複数選択可）．

① 実験 A で用いた後に廃棄した．
② 実験 A で用いた後に別の実験 B でも用いてから廃棄した．
③ 実験 A で用いずに廃棄した．
④ 実験 A を自分で行わず同じ研究室の同僚に行わせた．
⑤ 実験 A をより正確に行える他の組織にその個人データをわたして実験させた．

3.1.5 トラストおよびアカウンタビリティの概念について正しいものを 1 つ選べ．

① AI がトラストできることは，機械部品がトラストできることと必ずしも同じことを意味しない．
② トラストされた AI が出力する予測値は常に正しい．
③ AI システムをトラストしている人はその AI システムのアカウンタビリティの内容を理解している．
④ アカウンタビリティがある AI システムが出力する予測値は常に正しい．
⑤ トラストした AI システムにはアカウンタビリティがある．

{ 3.2 }
データを守る上での留意事項

 情報セキュリティ（機密性，完全性，可用性），**匿名加工情報，暗号化，パスワード，悪意ある情報搾取，情報漏洩等によるセキュリティ事故の事例紹介**

　データサイエンスにおいて扱うデータには，しばしば機密情報や個人情報が含まれる．このようなデータが失われたり，第三者に奪われたりしないようにするためには，セキュリティ・プライバシー上の脅威を列挙し，それぞれへの対策をとる必要がある．本節では，情報漏えいなどによるセキュリティ事故やプライバシー侵害の事例とともに，セキュリティ・プライバシーの観点からデータを守る上での留意事項について説明する．

➤ 3.2.1 データサイエンスにおけるセキュリティとプライバシー

◗ a 情報資産の価値

　一般に資産とは現金，預金，株式や不動産など，金銭的価値に直接換算できる財産のことをいう．**情報資産**（information asset）とは，個人や組織にとって価値のある情報，あるいは失うことが大きな損失につながるような情報と，それにかかわるシステム全体のことを指す．

　データサイエンスにおいては，データ解析の対象とする **1 次データ**（primary data）[*1] が，最も重要な情報資産といえよう．またそれを取り扱うハードウェア，データ解析のためのプログラムを含むソフトウェア，ネットワークや，データを取り扱うためのノウハウ，データ収集のためのシステムや仕組みなども情報資産と捉えることができる（図 3.2.1）．

　インターネット上のサービスの急速な進展にともない，オンラインショッピングやメッセージングサービスなどが登場し，広く使われるようになった．これに続き，

[*1] データ解析など特定の目的のために新しく収集したデータ（1.2.2 項参照）．

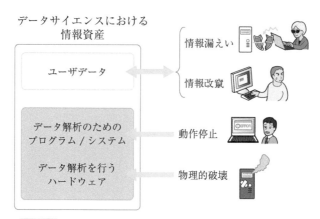

図 3.2.1 データサイエンスにおいて情報資産が損なわれる可能性.

インターネットに常時接続するスマートフォンなどの利用を前提とした地図を用いたナビゲーションサービス, オンデマンド型の音楽・動画配信サービス, 個人間の商取引サービス, 電子決済サービス, 健康管理サービスなど, 生活に密着するサービスは私たちの生活を大きく変えた.

このようなサービスの隆盛は, データサイエンスを利用したユーザの属性やさまざまな行動・活動を詳細に記録した履歴の解析と予測が広く利用されるようになったことが背景にある. GAFA（Google, Amazon, Facebook, Apple）に代表されるオンラインサービス企業は, このような情報の活用を通じて大きく成長した.

オンラインショッピングサービスを例にとり, サービスと個人の履歴データの関係を説明する. オンラインショッピングでは, ユーザが自身のコンピュータの Web ブラウザや, スマートフォンのショッピングアプリを閲覧しながら商品を見つけ出してもらう必要がある. なるべく多くの商品を購入してもらうには, あらかじめそのユーザが嗜好する商品を予測し, ピンポイントでその商品を画面上の目立つ位置に配置するなどの工夫が必要となる.

たとえばオンライン書店の場合, ホーム画面に, そのユーザが以前購入した商品を参考にして, 継続して購入している雑誌やお気に入りの作家の新刊を提示する. また物品販売の場合, 過去にテントを購入したユーザはアウトドアに興味があると予測できることから, 寝袋やバーベキューコンロを提示して購入を促すなどである.

このようなオンラインショッピングの販売戦略を実現するには, ユーザに関する属性（年齢, 性別, 居住地, 職種, 年収など）やユーザの過去の購買履歴などの情

報と，これらの情報からユーザのニーズを突き止めるデータサイエンスの技術が必要となる．これらの情報から，ユーザが必要としている商品やその価格帯を割り出し，ユーザが必要としているタイミングで提示することができれば，より大きな売上を見込むことができる．

　ユーザデータの利用はオンラインショッピング以外のさまざまなサービスでも同様に重要である．地図を用いたナビゲーションサービスならばユーザの移動履歴，音楽・動画配信サービスならばユーザの視聴履歴，個人間の商取引サービスならばユーザ間の売買履歴などは，サービスをより使いやすくするとともに，サービスの収益を高めるために必要な情報である．このようなデータを多く蓄積すればするほど，より正確にユーザのニーズを予測できるようになる．このことから，蓄積したユーザデータやこれを扱うデータサイエンスのシステム・ノウハウは，オンラインサービス企業にとっては何より重要な情報資産といえる．

▶ b 情報資産の活用と保護

　これまで述べたように，データは企業にとって利益に直結する重要な資産となりうる．裏を返せば，必要なときにデータが利用できなくなることは，大きな損失につながる．このため，データサイエンスにかかわる情報資産の取り扱いには，セキュリティ対策が必要となる．データサイエンスにおけるセキュリティとは，データサイエンスにかかわる情報システムやそこで取り扱うデータについて，データが外部に漏えいしたり，破壊されたり，システムが利用できなくなったりしないように対策することを指す．3.2.2項ではデータサイエンスにおけるセキュリティについて説明する．

　これに加えて，データサイエンスにおける情報資産の取り扱いには，プライバシー保護も欠かすことができない．個人の属性やユーザの詳細な活動履歴は，個人情報やプライバシーに深くかかわる．日本における個人情報の取り扱いは個人情報保護法[*2]によって取り決められており，個人情報の漏えいやずさんな取り扱いは法令違反となる．また法令に違反していないとしても，ユーザの意図や思惑に反する個人情報や個人の活動履歴の利用は，企業の評判の低下につながる．

　データサイエンスにおけるプライバシーでは，データサイエンスにかかわる情報システムやそこで取り扱う情報について，個人情報保護法などの法令を遵守した方

[*2] 正式名称は個人情報の保護に関する法律．

法でデータを取り扱う必要があるとともに，世相に応じたプライバシー保護の感覚から逸脱せず，倫理的なデータ活用が求められる．3.2.3 項ではデータサイエンスにおけるプライバシー保護について説明する．

➤ 3.2.2 データサイエンスと情報セキュリティ

◉ a 情報セキュリティとは

情報セキュリティマネジメントシステムの国際標準である ISO/IEC 27000 では，情報セキュリティを情報の**機密性**（confidentiality），**完全性**（integrity），**可用性**（availability）を維持すること，と定義している（図 3.2.2）．その内容は以下の通りである．

- 機密性：許可されている者のみが，情報にアクセスできること
- 完全性：情報が改ざんなどされず，完全に保たれていること
- 可用性：許可されている者が，必要なときに情報に確実にアクセスできること

データサイエンスにおいては，データを収集し，管理し，これを活用するシステム全体と，そこで取り扱われるデータが情報資産といえる．データサイエンスにおけるセキュリティとは，これらの情報資産について，機密性，完全性，可用性を達成することにほかならない．

図 3.2.2 情報セキュリティの三要素.

▶ b 機密性

機密性とは，情報にアクセスできる者を指定し，それ以外の者にはその情報について一切アクセスできないことが保証されている状態を指す．ここで情報へのアクセスとは，情報を取り扱うコンピュータそのものへの物理的なアクセス，オンラインでの情報システムへのアクセス，情報システムのある特定の機能を利用する権限，コンピュータやサーバに保存されたファイルの閲覧権限など，さまざまなレベルのアクセスを含む．

機密性の達成にはたとえば以下の方法がある．コンピュータそのものへの物理的なアクセスを制限するには，コンピュータが設置された部屋を物理的に施錠し，カードキーなどを利用して入室制限をかけ，許可された者のみがその部屋に入室できるようにすることで達成される．また，オンラインで情報のアクセスを制限するには，情報システムへのアクセス権限，情報システムのある特定の機能を利用する権限，コンピュータやサーバに保存されたファイルの閲覧権限などを設定することで達成される．これらは，情報システムをホストするサーバ，オペレーティングシステムやデータベースの機能を利用して実現することができる．

対象とする情報を扱う情報システムとは無関係に，情報そのものを暗号化することによって機密性を達成することも可能である．**暗号**（cryptography）とは，ある者から別の者に秘密の情報を提供するときに，第三者にその情報を見られても，その内容が知られず，特定の者だけが内容を見ることができるような情報に加工するアルゴリズムのことである．これを暗号化と呼ぶ．

暗号文はそれ単独では元の情報を復元することができない．「鍵」となる情報を所持する者だけが，暗号文を元の情報に復元することができる．これを復号と呼ぶ．情報へのアクセス権限を与えたい者のみに「鍵」を知らせ，情報を暗号化することで，その情報にアクセスできる者とアクセスできない者を区別することができるようになる．

Memo 暗号を用いた情報通信

たとえば，A さんは B さんに「C さんは D さんと結婚する」という秘密のフレーズ（これを平文と呼ぶ）を他の誰にも知られずに届けたいとする．このとき，まず A さんは，秘密の復号鍵を任意に設定する．たとえば復号鍵を「j@K4h%Lw」とし

よう．さらにこの復号鍵で「C さんは D さんと結婚する」を暗号化し，その暗号文が「1q+c0qCX07ef1amA0paZ1bGZ07a9」であったとしよう．このとき，A さんはまず，復号鍵「j@K4h%Lw」を B さん以外の他の誰にも知られないように B さんに届ける．その後，A さんは暗号文「1q+c0qCX07ef1amA0paZ1bGZ07a9」を B さんに届ける．このとき，B さんは，復号鍵「j@K4h%Lw」を使って暗号文「1q+c0qCX07ef1amA0paZ1bGZ07a9」を復号することによって，A さんが本来届けたかった平文「C さんは D さんと結婚する」を得ることができる．このとき，復号鍵「j@K4h%Lw」を持たない者にとっては，暗号文「1q+c0qCX07ef1amA0paZ1bGZ07a9」は単なる乱数の列にしか見えない．このため，たとえば暗号文が漏えいしたり，通信途中で盗聴されたとしても，平文が知られることはない．暗号を使うと，復号鍵の所持によって情報へのアクセス権限をコントロールできる．

圧縮ファイルや特定のアプリケーションソフトウェアのファイルは，情報の内容を保護するための暗号化をサポートしている場合があり，その場合，復号鍵は**パスワード**（password）と呼ばれる．

機密性の維持には，物理的施錠，アクセス権限の設定や暗号の利用だけでなく，情報を扱うシステムやコンピュータを設置する施設管理の適切な運用や，それを利用する者のセキュリティ意識の向上などもあわせて考慮する必要がある．たとえば，カードキーを利用して入室制限を運用している場合には，許可された者のみがカードキーを利用できることが前提となる．カードキーの貸し借りが発生するなど，ずさんな運用がされている場合には，機密性が維持されているとはいえない．同様に，システムにログインするためのパスワードが書かれたメモが，コンピュータに貼り付けられているなども同様である．

特にデータサイエンスにおいては，個人情報保護の観点から，収集した個人情報や個人の活動に関する履歴などのデータについての機密性を保持する必要がある．またこれらを取り扱うシステム全体についても，必要な者のみがこれを利用できるよう，機密性を達成する必要がある．

▶ c 完全性

完全性とは，情報が本来意図した通りの状態に維持されていることをいう．「本来

意図した通り」とは，対象とする情報が誤りなく記録されている状態を指す．たとえば顧客データベースであれば，氏名や連絡先，取引履歴などが正しく記録されている必要がある．また情報システムが対象である場合，完全性とはそのシステムによって情報の処理が正しく実行されている状態をいう．たとえば売上管理システムであれば，日次の売上高の計算結果に誤りがない状態を指す．

　情報を正しく維持するための対策として，たとえば以下の方法がある．情報が人間によって手入力される場合には，誤入力がつきものである．人間による入力ミスは必ず発生することを前提として，直接情報を入力するのではなくあらかじめ決まった入力値を選択して入力する，誤入力の可能性が高い場合にはシステム側で警告を出す，などのユーザインタフェースにおける工夫が必要となる．またデータの入力ミスや改ざんがあった場合に，その発生日時やそれを行った者を特定するために，システムへのアクセス履歴や操作ログを記録しておくことも，長期的に完全性を維持するためには有効である．

　システムの不具合や情報を収集するセンサの故障のために情報が正しく維持されない可能性もある．このような障害を検知する自己診断の仕組みをシステム側に取り入れることで，より高いレベルで完全性を維持できる．

　対象とする情報を扱う情報システムとは無関係に，情報そのものに**電子署名**（digital signature）を付与することによって，完全性を確認することも可能である．電子署名とは，ある者から別の者に情報を提供するときに，受領者がその情報が確かに提供者によって作成されたことを確認できるような「署名」を，提供する情報と関連付けて作成する仕組みである．提供者は元の情報，署名，および検証鍵と呼ばれる署名の検証に利用する情報をセットで受領者にわたす．受領者は，「署名」と検証鍵を用いて，受領者が受領した情報は，提供者が署名を作成した情報と同一であることを確認できる．もし受領した情報と異なる情報に対して作成された署名が添付されていたり，第三者によって改ざんされた情報を受領した場合には，検証に失敗することから，完全性を喪失していることを検知できる．

　データサイエンスにおいては，解析に用いるデータに誤った情報が含まれていれば，間違った判断を下すことになりかねない．データをもとに重要な意思決定を行っている場合には，データの完全性を維持することは重要である．

◉ d 可用性

　可用性とは，機密性と完全性が維持されていることを前提として，継続していつでも必要なときに情報にアクセスできたり情報システムを利用できたりすることを指す．アクセス集中などによって情報へのアクセスができなくなる状態や，サーバやデータストレージが故障している状態，天変地異による電力喪失，ハードウェアの破損などは，可用性が損なわれている状況といえる．

　可用性を達成するには，以下の方法が考えられる．アクセス集中や，サーバやデータストレージの故障に対応するには，サーバの多重化および負荷の分散が必要となる．天変地異による電力喪失，ハードウェアの破損に対応するには，定期的なバックアップを取得するなどしてデータの喪失に備えるとともに，バックアップのためのサーバを物理的に離れた場所に複数台用意するなどの対策が必要となる．

　データ解析のために収集したユーザのサービスログなどは情報資産として重要な情報であることはすでに述べた．このような情報を一度喪失した場合，二度と復元できないため，バックアップが必須である．またデータを解析した結果をサービスに利用している場合には，これらのサービスを停止させないための対策も必要となる．

◉ e リスクとインシデント

　情報資産の機密性，完全性，可用性が損なわれる可能性を**リスク**（risk）と呼ぶ．また情報資産の機密性，完全性，可用性を脅かす要因を**脅威**（threat）と呼ぶ．脅威には，その情報を取り扱うシステムや組織に内在している場合（内部要因）と，その外側に存在している場合（外部要因）がある．

　内部要因には，オペレーティングシステム，システムソフトウェア，ネットワークなどに含まれる脆弱性，機器の故障・誤動作（停電，部品の劣化など），システムを維持・管理・利用する人間によるミス（紛失，盗難，誤操作，メールなどの誤送信）や犯罪（ハードウェアの物理的な破壊，システムの破壊，機密情報の持ち出し）などがある．外部要因には，マルウェア，不正アクセス，外部の者による攻撃，自然災害（地震，火事，洪水など）などがある．脅威によって利用されるおそれのある弱点を**脆弱性**（vulnerability）と呼ぶ．このような要因によって，リスクが顕在化した事象を**インシデント**（incident）と呼ぶ．

　データサイエンスにおける情報資産のセキュリティを維持するためには，データ

サイエンスの過程において取り扱われるデータやそれを取り扱うシステムおよび組織においてどのような脅威が存在するかを列挙し，それぞれの脅威への対策をとることによって，インシデントの発生を防ぐことが必要である．

● f 情報セキュリティと効用のトレードオフ

データサイエンスで利用するデータの機密性を維持するためには，データにアクセスできる権限を持つ者をシステムレベルで管理した上で，データを常に暗号化状態で保存するなどの工夫によって達成できる．一方で，機密性をあまりに重視すると，データを利用するたびに必要な手間が増加し，作業効率が低下する．

またデータサイエンスを実行するシステムの可用性を高めるには，システムや通信回線を二重化し，障害発生時には互いに肩代わりできる体制を整えておく必要がある．一方で，高い可用性を達成するには費用がかかる．

このように，セキュリティと作業効率や費用などの効用は，トレードオフの関係にある．セキュリティと効用のどちらを重視するかは，取り扱うデータに依存する．きわめて機密性が高い情報（たとえば病院で管理される電子カルテや金融機関が管理する金融資産に関する情報）については，効用を犠牲にしてでもレベルの高いセキュリティを達成する必要がある．一方で，たとえばインターネットなどで一般公開されているようなデータについて，高い機密性をあえて維持することに意味があるとはいえない．対象となるデータやシステムにインシデントが発生した場合のインパクトを考慮し，必要とされるセキュリティのレベルを検討し，セキュリティ上の対策を考える必要がある．

● g 悪意ある情報搾取の事例

ここでは，悪意ある情報搾取が個人情報の漏えいを引き起こした事例を紹介する．

1) 外部要因による情報漏えい

2011 年，ソニー・コンピュータエンタテインメントが運営するオンラインサービス（プレイステーションネットワーク）のユーザの個人情報 7,700 万件以上が漏えいするインシデントが発生した．漏えいした情報は，ユーザの氏名，住所，メールアドレス，生年月日，サービス ID およびそのパスワードなどを含む．漏えいの原因は外部の攻撃者による，サーバの既知の脆弱性を利用したシステムへの不正侵入であった．攻撃者は米国のハッカー集団アノニマスであると考えられている．

　一般に利用されているオペレーティングシステムやサーバー用ソフトウェアは，完全に安全とはいえず，常にセキュリティ上の弱点（脆弱性）が残されていることを意識しておく必要がある．脆弱性が発見された場合には，一般に公開せずに日本の場合は独立行政法人 情報処理推進機構（IPA）に届け出ることになっている．このような脆弱性に関する情報が，適切な対策が準備される前に悪意ある者に伝わると，悪用される可能性があるためである．脆弱性に関する情報は，関係者に周知され，速やかに対策をとってもらうことになっている．ソニー・コンピュータエンタテインメントの事例では，すでに届出があった既知の脆弱性について，適切な対応がとられていなかったために発生したインシデントであると考えられている．

　個人情報漏えいの原因となった不正アクセスが確認されたのは 4 月 19 日であったが，それを公表したのは 4 月 27 日，記者会見は 5 月 1 日であった．インシデントの発生からユーザへの報告が遅れたことについて，ソニー・コンピュータエンタテインメントは大きな批判を受けることとなった．このことから，同社は一般利用者の信頼を失い，企業の評判を大きく損なった．また同社のサービスは必要な対策をとった上で再開するまでに 1 カ月程度を要し，北米のユーザに対しては 1 人あたり最大 100 万ドルの補償を行うことを発表した．このように，個人情報漏えいは，経営上の大きな損失を引き起こすことにつながりかねない．

2) 内部要因による情報漏えい

　2014 年，ベネッセコーポレーションが運営するサービスのユーザの個人情報約 2,900 万件以上が漏えいするインシデントが起こった．漏えいした情報は，ユーザの氏名，性別，生年月日，住所，電話番号，同時に登録された子供の氏名，性別，生年月日を含む．ベネッセのみに登録した個人情報を使って，ベネッセ以外の企業からダイレクトメールが届いたユーザからの問い合わせの急増によって，個人情報漏えいが発覚した．

　ベネッセコーポレーションは，個人情報を含むデータベースの保守管理を外部企業に委託していた．この外部企業においてデータベースの保守管理を担当した社員が，金銭目的で個人情報を抽出し，名簿業者への売却によって個人情報の漏えいが発生した．個人情報の社外への不正な持ち出しについて，この派遣社員は不正競争防止法違反（営業秘密の複製，開示）の罪状に問われ，有罪判決を受けている．

　ベネッセコーポレーションはこの個人情報漏えい事件に対する具体的な対応として，問い合わせ窓口の設置，販売促進活動や各種イベントの中止，事故調査委員会

の設置などを行った．また被害者については，金券 500 円やサービス受講料の減額による補償を実施した．これらの対策のための費用として 260 億円の特別損失を計上し，同年 4〜6 月期の連結決算は 136 億円の最終赤字となった．さらに同社の主要サービスのユーザは 2 年にわたり減少した．この事例は，個人情報漏えいが企業の経営に与える損害はきわめて大きなものとなりうることを示している．

この個人情報漏えいは，情報にアクセスする権限を持つ内部の者による犯罪行為によって発生している．きわめて機密性の高い情報を扱うコンピュータにおいては，利便性が犠牲になるが，データ持ち出しができないように，機密情報を保有する機器に USB メモリなどの外部デバイスが接続できないようにする，インターネットが利用できないようにする，データの不適切な持ち出しなどがあった場合に，その発生日時やそれを行った者が特定できるように，システムへのアクセス履歴や操作ログを記録しておくなどの対策が有効である．

また多くの情報漏えいの大部分は，紛失，置き忘れ，操作ミス，盗難など，ヒューマンエラーによって発生している．ヒューマンエラーの発生は，個人の注意や努力によってゼロにすることはできない．機密情報を扱うためのガイドラインを作成し，それを徹底する体制を作るとともに，ヒューマンエラーが発生しにくいようなシステム設計を心がけることが必要である．

➤ 3.2.3 データサイエンスとプライバシー

◯ a プライバシー

プライバシーは 1890 年に出版された『プライバシーの権利』（The Right to Privacy）という法学の論文で初めて定義された．この時代のプライバシーは「1 人にしておいてもらう権利」（the right to be let alone），つまり，自宅のような私的空間において生活を他人にのぞかれ，それを外部に暴かれることから逃れる権利と定義されていた．たとえば，政治家や著名人などが，私生活について過度に報道されない権利などがこれに当たる．

1980 年に，経済協力開発機構（OECD）は「プライバシー保護と個人データの国際流通についてのガイドライン」において，より現代的なプライバシーの権利として，プライバシーに関する原則（OECD8 原則）を示した．この時代には，社会の情報化が徐々に進み，政府やさまざまな組織が多くの個人から情報を収集し，さま

ざまな目的で個人情報を利用し始めていた．このような状況において，**OECD プライバシー 8 原則**（OECD's privacy eight principles）は個人情報の濫用を防ぎつつ，個人情報の国際的な流通の便宜をはかることを趣旨としてる．

1) 収集制限の原則（同意なしにデータを収集しない）
2) データ内容の原則（正確なデータを集める）
3) 目的明確化の原則（目的を明確にしてデータを収集する）
4) 利用制限の原則（あらかじめ定めた目的以外の目的でデータ利用しない）
5) 安全保護の原則（データの紛失や破壊，改ざん，漏えいなどを発生させない）
6) 公開の原則（データの利用目的やその管理を明らかにする）
7) 個人参加の原則（データを提供した本人に開示，訂正，削除する権利を保障する）
8) 責任の原則（データを預かった管理者はこれらの原則について責任を持つ）

上記 8 原則のうち，データ内容の原則はセキュリティの要件である完全性に，安全保護の原則は機密性にそれぞれ対応した概念である．それ以外は「自己に関する情報をコントロールする権利」を守るための原則と捉えることができる．OECD8 原則は世界各国の個人情報保護制度に大きな影響を与え，日本の個人情報保護法も OECD8 原則を含む形で構成されている．

▶ b 個人情報とは

　個人情報保護法では，**個人情報**を「生存する個人に関する情報であって…特定の個人を識別できるもの」と定義している．個人を特定できる情報が含まれるかどうかがポイントである．代表的な個人情報としては，「氏名」「生年月日」「性別」「住所」（いわゆる基本四情報）がある．この 4 つがそろうことでほぼ確実に個人を特定することができ，基本四情報が含まれる情報は個人情報といえる．

　直接識別情報（direct identifier）あるいは個人識別符号を含む情報も個人情報とされる．個人情報保護法における**個人識別符号**とは，それ単体で直接に個人の特定を可能にする情報のことである．たとえば指紋データや顔認識データ，個人の遺伝情報などのうち，個人を特定できるように加工された情報は個人識別符号となる．またマイナンバーや運転免許番号など，永続的に変更されることがなく，本人確認に使うことができる情報も個人識別符号である．また顔写真も個人識別符号である．個人識別符号を含む個人に関するひとまとまりの情報は，それ全体が個人情報となる．

直接識別情報とセットで取り扱われるか否かにかかわらず取り扱いに配慮が必要な情報を，個人情報保護法では要配慮個人情報と呼ぶ．具体的には人種，国籍，信条，信仰する宗教，犯罪歴，病歴などが含まれる．これらに基づいて何らかの意思決定が行われた場合，差別につながりかねないため，慎重な取り扱いが必要な情報である．要配慮個人情報については，収集の際により厳しい基準が設けられている．

基本四情報や個人識別符号単体ではビジネス上の価値は大きいとはいえない．データの利用価値は，これらの情報にその個人に関するより詳細な情報を組み合わせて，データサイエンスによる分析を行うことで生まれるといえる．たとえば，ある商品を宣伝するダイレクトメールを送付することを考える．基本四情報のみでダイレクトメールを送付することは可能であるが，やみくもに送付しても効果が高いとはいえない．その商品に興味を持ちそうな人に絞り込んで宣伝することで，宣伝効果が高まるといえるだろう．

基本四情報に，その個人の詳細な情報（電話番号，メールアドレス，勤務先（所属する学校），職業・職種，学歴，職歴，年収，結婚・離婚歴，家族構成，趣味など）が組み合わさった情報は，個人を対象としたビジネスをする上で有用な情報であり，このような個人情報の活用は古くから行われてきた．これらに加えて，購買行動の記録（いつ，どの店で，どんな品物を購入したか），移動行動の記録（いつどこからどこに移動し，どこにどの程度滞在したか），ウェブ検索行動の記録（いつ，どの検索語で検索を行い，検索結果からどの URL をクリックしたか）など，時間とともに積み重なるような履歴情報も，ビジネス上重要な情報であるのは 3.2.1 項で説明した通りである．

個人情報の具体例を表 3.2.1 および表 3.2.2 に示す．表中の識別ナンバーとは，架空の個人識別符号である．表 3.2.1 のような情報は，時間がたつにつれて変化することが少ない個人そのものに関する情報であり，比較的個人の特定につながりやすい

表 3.2.1　個人情報の例：個人属性.

識別ナンバー	ユーザ ID	氏名	性別	年齢	住所	年収
339829Q	sanapon	真田昌幸	男	26	…	411 万円
905473R	oggi1985	荻野吟子	女	33	…	536 万円
099878L	murachan	紫式部	女	39	…	681 万円
013214H	shozan.s	佐久間象山	男	23	…	309 万円
⋮						

表 3.2.2　個人情報の例：購買履歴.

ユーザ ID	購買物品	購買価格	購買日時	購買店舗
murachan	人参	100 円	2021/2/3 18:09	C マート代田 2 丁目店
oggi1985	バナナ	150 円	2021/2/3 21:13	C マート小石川店
oggi1985	ダイエットコーク	160 円	2021/2/4 21:15	C マート小石川店
murachan	粉ミルク	980 円	2021/2/4 21:16	C マート渋谷店薬局
shozan.sakuma	焼肉弁当	520 円	2021/2/4 21:18	C マート松代店
murachan	チョコドーナツ	120 円	2021/2/4 21:16	C マート A 大学店
takepon23	タバコ	520 円	2021/2/5 21:34	C マート伊奈谷店
murachan	紙おむつ	1700 円	2021/2/4 21:16	C マート代田 2 丁目店
⋮				

情報である．表 3.2.2 のような情報は，その個人の行動とともに次々と生み出される情報であり，比較的個人の特定につながりにくい情報といえる．2 つの表は，ユーザ ID を通じて結びついている．たとえばユーザ ID が oggi1985 である人物は，名前を荻野吟子といい，年齢 33 歳の女性で，C マート小石川店でバナナやダイエットコークを購入している，という具合である．表 3.2.1 は識別ナンバー（個人識別符号）や，基本四情報を含むため個人情報である．表 3.2.2 もユーザ ID を通じて表3.2.1 と結びついているから，ひとまとまりとすれば個人情報といえる．

◉ c 個人情報の活用と保護のトレードオフ

　個人情報は，日本では個人情報保護法の範囲内で活用する必要がある．個人情報保護法は，個人情報を収集し，それを利用する者に，プライバシーを保護するためのさまざまな制約を設けている．代表的な制約は以下の通りである．

1) 個人データを正確かつ最新の内容に保たねばならない
2) 利用目的をできる限り特定しなければならない
3) 利用目的の達成に必要な範囲を超えて個人情報を取り扱ってはならない
4) あらかじめ本人の同意を得ないで個人データを第三者に提供してはならない
5) 個人データの安全管理のために必要かつ適切な措置を講じなければならない

　セキュリティの観点からは，1) は完全性，4), 5) は機密性に対応するものである．2), 3) は OECD8 原則における「目的明確化の原則」および「利用制限の原則」に

対応するものである．個人情報を提供する際に，個人があらかじめ同意した範囲を超えて情報が濫用されることを防ぐための措置である．

「目的明確化の原則」および「利用制限の原則」は，個人情報の収集においてはきわめて基本的な原則であるが，一方で，データサイエンスや人工知能によるデータ解析技術の発展も著しく，データを取得した時点では想像もつかなかったようなデータの利用方法が次々と生み出されていることも事実である．そのため，データ取得当初に設定した利用目的とは異なる目的でデータを利用したいという声が高まっている．また近年のオンラインサービスの急速な発展に伴い，個人情報の利用範囲は一昔前とは比べものにならないくらい広がっており，その利用価値も大きく変化していることから，蓄積された個人情報を第三者に提供してビジネスにつなげたいという要望も高まっている．

このような背景を考慮して，データ解析に必要なだけの情報は残したまま，プライバシーに関係する情報は適切に削除あるいは修正し，プライバシーが保護された状態に加工する，仮名化や匿名化と呼ばれる技術が利用されている（図3.2.3）．仮名化や匿名化とは，個人情報を適切に加工することによって，個人情報の活用とプライバシー保護の両立を実現するデータ加工技術である．個人情報保護法では，仮名化あるいは匿名化された個人情報については，データ利用に関する代表的な制約を一定の条件の下で緩和することを認めている．

個人情報		仮名加工情報		匿名加工情報
・目的範囲内で利用　　・（同意なしでの）　　　第三者提供不可	仮名化 →	・一定の条件下で　　利用目的の変更可　・（同意なしでの）　　第三者提供不可	匿名化 →	・目的外利用が可能　　・一定の条件下で　　第三者提供可能

図 3.2.3 個人情報の加工と利用.

d 仮名化

すでに述べたように，表 3.2.1 および表 3.2.2 は，個人識別符号として識別ナンバーを含み，また基本四情報（氏名・性別・年齢・住所）を含むことから，個人情報

表 3.2.3　仮名化された個人情報の例.

ユーザ ID	性別	年齢	年収
sanapon	男	26	411 万円
oggi1985	女	33	536 万円
murachan	女	39	681 万円
shozan.s	男	23	309 万円
⋮			

といえる. 表 3.2.1 からたとえば識別ナンバーと氏名と住所を取り除き, 表 3.2.3 の状態に加工することによって, 個人が特定される可能性を低減することができる[*3]. このような加工を**仮名化**（pseudonymization）と呼ぶ.

仮名化された表 3.2.3 のそれぞれの情報は, 単体では特定の個人に結びつかない. それでも, 表 3.2.3 と表 3.2.2 をユーザ ID を通じて結びつけることで, データ分析を行うことは可能である. たとえば, 「年収の高い女性が頻繁に購入する商品は何か」「同じ年収ならば, 男性と女性どちらが C マートにおける 1 カ月あたりの購入額が多いか」「商品 X を頻繁に購入する人の収入はどの程度か」など, 商品開発や宣伝に役立つ分析を行うことができる. また, AI や機械学習を用いることによって, 性別, 年齢, 年収, および過去の購買履歴から, 今後, 購入が期待できる商品の予測を行うこともできる. このように, 個人情報は仮名化しても, データサイエンスを行う上での利便性が必ずしも大きく損なわれるわけではないことがわかる.

個人情報保護法では, 仮名化された個人情報のことを**仮名加工情報**と呼ぶ. 個人情報は, 収集時点で明示した利用目的の範囲内で利用する必要があるが, 仮名加工情報に加工することによって, 一定の制限はあるが, 当初の利用目的には含まれない目的であっても利用できるようになる. ただし, 仮名加工情報はあくまで個人情報の一種であり, 第三者提供などは認められない.

◉ e 匿名化

仮名化はその情報自体から個人が特定される可能性を低減するが, 他の情報との照合を行った場合には個人を特定できる可能性が残る. たとえば, 表 3.2.3 だけでは, どの行が誰であるかをただちに特定することができないが, ユーザ ID と氏名,

---

[*3] 実際には, このような加工を経ても特定の可能性がゼロにはならない. その理由は後で説明する.

あるいはユーザ ID と識別ナンバーの対応表などが存在し，これと照合できる場合，個人を特定できる．

　対応表との照合ができない場合でも，個人が特定される可能性がゼロであるとはいえない．たとえば，表 3.2.3 からは，ユーザ ID murachan なる人物は，年収 681 万円の 39 歳女性であるということがわかる．さらに表 3.2.2 の情報と組み合わせると，C マート代田 2 丁目店で頻繁に買い物をしていることから，代田 2 丁目付近に住居があること，粉ミルクと紙おむつを購入していることから家族に乳児がいることなどが推測される．このように多くの情報が積み重なると，この人物が特定できる可能性が増加していく．個人情報や仮名加工情報の第三者への提供が制限されている理由の 1 つは，このような特定が起こりうるためである．

　では，個人情報をどのように加工すれば特定のリスクを低減できるのだろうか．個人情報を統計情報に加工した場合，もはや個人ごとの項目を持たないため，そもそも特定は起こらない．たとえば，「粉ミルクを購入した人の平均年齢」という統計情報は，特定の人物に関する情報ではなく，特定の属性を持つ人物のグループに関する情報であるため，特定に結びつかない．ただし，統計情報に加工された情報は，たとえば特定の属性を持つ利用者の購買傾向分析など，データサイエンスが主要な目的とするようなデータ分析には利用しにくくなる．

　データサイエンスに利用しやすいような表形式の構造を維持したままで，個人が特定される可能性を低減するように情報を加工することを**匿名化**（anonymization）と呼ぶ．ここでは，匿名化のための代表的な手法として，k-匿名化という方法を紹介する．k-匿名化は，情報を加工することによって，どのような組合せの情報についても，そのような情報を持つ人が必ず $k(\geq 2)$ 人以上存在するように，情報全体を加工する方法である．たとえば，表 3.2.3 では，男性かつ 26 歳という情報を持つ人物は 1 人しかいないため，k-匿名化されているとはいえない．表 3.2.3 を k-匿名化

表 3.2.4　2-匿名化された個人情報の例.

性別	年齢	年収
男	[20-29]	[300-499] 万円
女	[30-39]	[500-699] 万円
女	[30-39]	[500-699] 万円
男	[20-29]	[300-499] 万円
⋮	⋮	⋮

が満たされるように加工した表を表 3.2.4 に示す.

　表 3.2.4 では,個人の特定につながるような識別ナンバー,ユーザ ID,氏名,住所は削除されている. 年齢,年収は特定の値ではなく一定の幅を持つ値に変更されている. このように加工することによって,たとえば,男性,[20-29] 歳,年収 [300-499 万円] であるような人は 2 人存在し,女性,[30-39] 歳,年収 [500-699 万円] であるような人も 2 人存在するため,表全体は 2-匿名化されている.

　個人情報保護法では,個人情報を第三者に提供する場合は,あらかじめ同意を得ることを求めているが,情報が匿名化されている場合には,一定の制限の下で同意を得ることなく第三者に提供するための仕組みが用意されている. 個人情報保護法が求めている個人情報の匿名化に関する基準は以下の通りである.

1) 特定の個人を識別することができる記述等の全部又は一部を削除すること
2) 個人識別符号の全部を削除すること
3) 個人情報と他の情報とを連結する符号を削除すること
4) 特異な記述等を削除すること
5) 上記のほか,個人情報とデータベース内の他の個人情報との差異等の性質を勘案し,適切な措置を講ずること

　1) は氏名,住所,生年月日などの削除である. ユーザ ID やアカウント名,メールアドレスなど,個人を識別するために付与された直接識別情報も含む. 2) は顔画像,指紋,運転免許番号などの個人識別符号の削除である. 3) は 1 人の個人に関する情報が複数に分散して管理している場合に,それらの情報の連結のために内部的に付与された管理用 ID などのことを指している. このような内部的に付与された情報であっても,個人識別を可能にする情報については削除が必要である. 4) はいわゆる外れ値と呼ばれる,それ単体でどの個人であるかが容易に推測される可能性がある情報の削除である. たとえば年齢116 歳や,国内で数名しかいないような珍しい病気を持つ人の情報などがこれにあたる. 5) は対象とする情報の固有の性質を考慮した加工を指す. たとえば,一定期間の個人の移動履歴を含む情報の場合,自宅住所が容易に推定されることが考えられる. そのような場合には,1) と同様に自宅住所の推定につながりうる情報は削除の必要がある. このような基準に従い加工された情報を**匿名加工情報**と呼び,個人情報とは区別された情報となる. 匿名加工情報は,データを提供した者の同意がなくとも,一定の条件の下で第三者に提供することが可能である.

● f プライバシー侵害の事例

　ここでは，個人情報に匿名化などの適切な加工を施さなかったために，意図せず個人特定によるプライバシー侵害が発生した事例を紹介する．

1) 医療保険情報における特定

　マサチューセッツ州の Group Insurance Comission（GIC）は，135,000 人の州職員とその家族について，医療保険に関連する情報を収集していた．その情報には本人の氏名，性別，郵便番号，生年月日に加えて，人種，医療機関の訪問日，診断結果，治療内容，請求総額などが含まれていた．GIC はそのデータから氏名を取り除いた上で，研究者に配布し，民間企業に販売していた．一方，マサチューセッツ州ケンブリッジの選挙人名簿は 20US ドルで購入できた．選挙人名簿には選挙人の氏名，性別，郵便番号，生年月日に加えて，住所，登録日，支持政党，最終投票日などが含まれていた．

　カーネギーメロン大学の研究者らは，この 2 つのデータに含まれる同一個人に関するデータを，性別，郵便番号，生年月日を手がかりに結び付けることができることを指摘した（Samarati and Sweeney（1998））．このことは 2 つのプライバシー上の問題を明らかにしている．1 つは，個人を特定する情報が取り除かれていたはずの医療保険データが，選挙人名簿との照合によって再び個人が特定できる情報に復元されてしまったことである．もう 1 つは，医療に関係する情報が含まれていない選挙人名簿に，医療保険のデータを結び付けることによって，選挙人名簿から本来は知り得なかった個人の医療に関係する情報を新たに知ることができるようになってしまったことである．

　当時のマサチューセッツ州知事のウイリアム・ウェルドは，ケンブリッジ在住であった．ケンブリッジの選挙人名簿によれば，6 人が彼と同じ生年月日を持ち，そのうち 3 人が男性で，彼と同じ郵便番号を持つ人は他にいなかった．よって，2 つの情報を結びつけることによって州知事の病院での診断結果や治療内容を知ることができたということになる．この事例は，仮名化を行ったとしても，個人を特定できる可能性があることを示している．

2) 検索履歴情報における特定

　インターネットサービス会社 AOL は，3 カ月間にわたる 650,000 人のユーザの検

索ログ（ユーザ名，検索語とクリック後遷移先 URL の組）約 2,000 万行を研究目的で第三者に提供した．ユーザ名はランダムな番号に置換されていたが，検索語には個人を特定できる語が多く含まれていた．たとえば，No.4417749 のユーザの検索語には，"landscapers in Lilburn, GA"（ジョージア州 Lilburn の庭師），Arnold 姓の複数の名前，"homes sold in Shadow lake subdivision Gwinnett county Georgia"（ジョージア州 Gwinnett 郡 Shadow lake 分譲地の売家）などが含まれていた．これらを手がかりとして電話帳などの公開データと組み合わせることによって No.4417749 のユーザが Therma Arnold という人物であることが特定された．このことは，データが直接的に個人を特定するための情報を含まないとしても，特定の個人と結びつけることは可能であることを示している．この事件を通じて，AOL は検索ログの提供を取りやめた．

マサチューセッツ州の事例と AOL の事例は両方とも特定が発生しているが，その経緯が異なる．マサチューセッツ州の事例では，個人を特定する情報を含むデータを，別の定型的なデータと照合することで機械的に特定された．定型的なデータとは性別や年齢など，データの形式が明示的に定められているデータを指す．AOL の事例では，非定型な検索語から，個人を特定できる情報やその手がかりが人手で抽出され，電話帳やその他の情報を組み合わせることによって特定された．非定型なデータとは検索語や自由文など，表形式とは異なり，データの形式が明示的に定まらないデータのことである．

この事例は機械的に処理可能な表形式のようなデータでなくても，その提供には注意が必要であることを示唆している．自由文を含む非定型なデータにあらかじめどのようなデータが含まれているかを列挙することは困難であるため，個人を特定できる情報が混入しやすい傾向にある．データ解析技術や人工知能の発展によって，現在では人間の認識・判断能力に基づかなければ不可能であると思われているような特定が，コンピュータによって高精度かつ網羅的に可能になりつつあることも認識しておく必要がある．

▶ g プライバシー・バイ・デザイン

プライバシー・バイ・デザイン（privacy by design）とは，カナダ・オンタリオ州の情報プライバシー・コミッショナーであるカブキアンが提唱した，個人情報が関連する情報システムの設計に関する 7 つの基本原則からなる概念の体系である．

　プライバシー・バイ・デザインでは，個人情報が利用される情報システムにおいて，プライバシー対策を後づけで導入するのではなく，システムの企画段階からプライバシー対策をシステムに埋め込み，企画から保守運用にいたるまで一貫した取り組みを行うこと，問題が起きてから対策するのではなく，問題が起きる前に予防的に対策をすること，プライバシー保護に関する設定は，利用者が明示的に設定しなくても，初期設定としてプライバシーが保護されるように設定されること，などを求めている．

　3.2.1 項に示したように，現代ではオンラインサービスやスマートフォンの利用履歴から集めたあらゆる個人に関する情報が，ビジネス上の利益に直結するようになった．そういった意味で，データサイエンスにおけるプライバシー保護は，単にデータサイエンスやそれを利用したビジネスを法制度の範囲内で設計する必要があるというだけにとどまらない．データを提供した個人側から見たときに納得が得られるようなプライバシー保護のための対策への配慮が必要であり，データに基づいてデータサイエンスによって与えられた予測や判断が，人間の尊厳への十分な配慮に基づくことが信頼を得る上で重要である．

参 考 文 献･･･

Samarati, P. and Sweeney, L. (1998), Protecting Privacy when Disclosing Information: k-Anonymity and Its Enforcement through Generalization and Suppression.

➤ 3.2 節　練習問題

3.2.1　オンラインショッピングサイトにおいて，利用者の購買履歴を利用して，おすすめの商品を提示する機能を提供していたが，機器の故障によって利用者の購買履歴が失われ，おすすめの商品を提示することができなくなった．機密性，完全性および可用性のうち，損なわれたものを以下から選べ．

　① 機密性と可用性
　② 機密性と完全性
　③ 完全性と可用性
　④ 機密性と完全性と可用性

3.2.2 機密性の向上に関係のないものをすべて選べ.

① 電子署名
② セキュリティ意識の向上
③ システムの二重化
④ アクセス権限の設定

3.2.3 個人情報に関して以下の中から正しくないものをすべて選べ.

① 個人名が含まれていない情報も個人情報となる場合がある.
② 個人情報はいかなるときも第三者に提供してはならない.
③ 個人識別符号が含まれている情報は常に個人情報となる.
④ 第三者に提供の予定がない場合は,個人情報を収集するときに利用目的を明らかにする必要はない.

3.2.4 匿名加工情報に関して以下の中から正しくないものをすべて選べ.

① 匿名加工情報は基本四情報に関する情報を一部含んでいてもよい.
② 匿名化のためには一部の情報を削除して構わない.
③ 仮名加工情報を匿名加工情報に加工することは原理的にできない.
④ 匿名加工情報は個人識別符号を一切含んではならない.

索 引

編者紹介

北川源四郎（きたがわげんしろう）　理学博士
1974 年　東京大学大学院理学系研究科博士課程中途退学
現　在　統計数理研究所名誉教授，総合研究大学院大学名誉教授

竹村彰通（たけむらあきみち）　Ph.D.
1982 年　スタンフォード大学統計学部 Ph.D. 修了
現　在　滋賀大学 学長

著者紹介（〔　〕内は執筆箇所）

内田誠一（うちだせいいち）　博士（工学）　〔1.4 節，1.6 節〕
1999 年　九州大学大学院システム情報科学研究科博士課程修了
現　在　九州大学大学院システム情報科学研究院 教授

川崎能典（かわさきよしのり）　博士（経済学）　〔2.1 節，2.3 節〕
1992 年　東京大学大学院経済学研究科博士課程中途退学
現　在　統計数理研究所学際統計数理研究系 教授

孝忠大輔（こうちゅうだいすけ）　〔1.3 節〕
2003 年　立命館大学大学院理工学研究科修士課程修了
現　在　日本電気株式会社アナリティクスコンサルティング統括部
　　　　シニアディレクター

佐久間淳（さくまじゅん）　博士（工学）　〔3.2 節〕
2003 年　東京工業大学大学院総合理工学研究科博士後期課程修了
現　在　東京工業大学情報理工学院 教授
　　　　理化学研究所革新知能統合研究センター チームリーダー

椎名洋（しいなよう）　博士（経済学）　〔2.2 節〕
1992 年　東京大学大学院経済学研究科博士課程中途退学
現　在　滋賀大学データサイエンス学部 教授

中川裕志（なかがわひろし）　工学博士　〔3.1 節〕
1980 年　東京大学大学院工学系研究科博士課程修了
現　在　理化学研究所革新知能統合研究センター チームリーダー

樋口知之（ひぐちともゆき）　理学博士　〔1.1 節，1.2 節〕
1989 年　東京大学大学院理学系研究科博士課程修了
2020 年　「卓越した技能者（現代の名工）」をデータサイエンティスト
　　　　として初受賞
現　在　中央大学理工学部 教授

丸山宏（まるやまひろし）　博士（工学）　〔1.5 節〕
1983 年　東京工業大学大学院理工学研究科修士課程修了
現　在　花王株式会社 エグゼクティブ・フェロー

NDC007　238p　21cm

データサイエンス入門シリーズ
教養としてのデータサイエンス

2021 年 6 月 15 日　　第 1 刷発行
2024 年 9 月 12 日　　第 11 刷発行

編　者　北川源四郎・竹村彰通
著　者　内田誠一・川崎能典・孝忠大輔・佐久間淳・
　　　　椎名洋・中川裕志・樋口知之・丸山宏
発行者　森田浩章
発行所　株式会社　講談社
　　　　〒 112-8001　東京都文京区音羽 2-12-21
　　　　　　販売　(03)5395-4415
　　　　　　業務　(03)5395-3615

KODANSHA

編　集　株式会社　講談社サイエンティフィク
　　　　代表　堀越俊一
　　　　〒 162-0825　東京都新宿区神楽坂 2-14　ノービィビル
　　　　　　編集　(03)3235-3701
本文データ制作　藤原印刷株式会社
印刷・製本　株式会社ＫＰＳプロダクツ

Printed in Japan

ISBN 978-4-06-523809-7

講談社の自然科学書